REINE CHRISTINA

海战图文史

GREAT NAVAL BATTLES

FROM MEDIEVAL WARS TO THE PRESENT DAY

Helen Doe

影响世界海权的1000年

[英] 海伦·多伊 著
李驰 译

西苑出版社 XIYUAN PUBLISHING HOUSE
金城出版社 GOLD WALL PRESS

图书在版编目（CIP）数据

海战图文史：影响世界海权的1000年 / (英) 海伦·多伊（Helen Doe）著；李驰译. -- 北京：西苑出版社有限公司：金城出版社有限公司，2024.10
（世界军事史系列 / 朱策英主编）
书名原文：Great Naval Battles：From Medieval Wars to the Present Day
ISBN 978-7-5151-0911-4

I. ①海… II. ①海… ②李… III. ①海战－战争史－世界 IV. ①E19

中国国家版本馆CIP数据核字（2024）第078878号

海战图文史
HAIZHAN TUWENSHI

作　　者　[英]海伦·多伊
译　　者　李　驰
责任编辑　李凯丽
责任校对　辛小雪
责任印制　李仕杰
开　　本　710毫米×1000毫米　1/16
印　　张　25.75
字　　数　367千字
版　　次　2024年10月第1版
印　　次　2024年10月第1次印刷
印　　刷　小森印刷（北京）有限公司
书　　号　ISBN 978-7-5151-0911-4
定　　价　118.00元

出版发行　西苑出版社有限公司　金城出版社有限公司
北京市朝阳区利泽东二路3号　邮编：100102
发 行 部　(010) 84254364
编 辑 部　(010) 64210080
总 编 室　(010) 88636419
电子邮箱　xiyuanpub@163.com
法律顾问　北京植德律师事务所　（电话）17600603461

目录
CONTENTS

前　言

通过研究几个世纪以来的海战，我们可以得出一个结论：虽然新科技和战术给海战带来了巨大的变化，但许多因素依然保持不变，比如，思维敏锐、头脑清醒的领导艺术。中世纪早期，舰队由随机征调的商船组成，用来运送军队，但到了 20 世纪，体积庞大、武力强大的航空母舰成为海上霸权的象征。海战武器装备不断进化，从桨帆船上的攻城锤，到船甲板上的弓箭手、炮台、臼炮艇，再到大型铁甲舰和核潜艇。三桅船的投入使用带来了更好的机动性，钢铁和蒸汽的引入使军舰不再受制于多变无常的风，从而彻底改变了海战的面貌，而从航母上起飞的飞机，使人们对海上力量有了新的思考。

评选历史上的伟大海战，是一项具有挑战性的工作。单靠数字并不能定义一场伟大的海战，一次相对较小的事件也能产生持久的影响，例如 1779 年的弗兰伯勒角海战。在 1812 年英美战争中，单舰决斗非常有效，而大舰队之间的战斗经常陷入混乱。不是所有伟大海战都起到决定性作用，例如，日德兰海战至今仍在引发许多历史争论。也不是所有伟大海战纯粹由海军进行：在 1804 年的普洛奥拉海战中，法国海军在与商船舰队的战斗中败下阵来。也并非所有的海战都是在正式交战的敌对双方之间进行的，例如1827年混乱的纳瓦里诺海战，这是最后一场由帆船进行的海战，或者1652年第一次英荷战争之前的古德温暗沙海战。有些海战，比如1781年的切萨皮克湾海战，或者第二次世界大战期间在太平洋上进行的长达6个月的瓜达尔卡纳尔岛海战，都产生了深远的影响，而其他海战则不能与其相提并论。关于海战的正面信息可能是有问题的，尤其是在战胜国撰写历史的情况下。如果一场海战的描述是由指挥官书写的，他自然会为自己的决策寻找理由。普通水手和平民等“次要”人物的个人回忆以及目击者的叙述，往往被忽视，但却能为海战的画面增添不少细节。时间也是一个问题，人的记忆是容易出错的，几年后写的一篇报告可能不可靠。到了18世纪，报纸开始流行，虽然主观偏见、错误信息和审

纳瓦里诺海战是最后一次由帆船舰队进行的海战，对帮助希腊（在英国、法国和俄国海军援助下）从土耳其统治下获得独立具有决定性意义。

查制度会让真实的海战画面变得模糊，但它们提供了生动的描述，让同时代的读者感到兴奋。

从中世纪时期匆忙组建的商船舰队开始，随着时间的推移，海军不断发展。这在17世纪更为显著，当时的两个商业强国，英国和荷兰，逐渐形成了具有所有必要的支持和管理职能的职业海军。从法国大革命和拿破仑战争到第一次世界大战和第二次世界大战，职业海军都参与了争夺世界主导权的大型战争。在第一次世界大战前建造无畏舰的大规模军备竞赛之后，人们期待发生另一场决定性的特拉法尔加海战，但事实证明，海军在那场冲突中并不那么有效。从1919年开始，空中力量成为重要的影响因素，第二次世界大战见证了航空母舰的重要性和价值，而潜艇则将海战带至另一个新的维度。

在描述海战的文章中，伟大的舰队指挥官熠熠生辉，但那些不太为人所知的英雄，男人甚至女人，也在战斗过程中大放异彩。对伟大的指挥官进行比较绝非易事，因为每个人都必须应对非常不同和复杂的场景，例如科技场景。在此，引用一句历史学家保罗·肯尼迪的话简要总结："纳尔逊在150年前的旗舰上行动自如，而杰利科和尼米兹可能在100年前的船上迷失方向。"

桑威奇海战

Battle of Sandwich

1217 年

金雀花王朝曾经是英吉利海峡两岸的高傲统治者，宣称同时拥有法国和英国的王位。然而，在 13 世纪初，英吉利海峡如同一条宽阔的护城河，将两个交战国家隔开。英格兰国王约翰在法国的土地几乎都被卷土重来的法国国王腓力二世夺走，1203—1204 年，腓力二世扩大了他的王国，征服了诺曼底和曼因。在全面进入沿海地区后，法国人向海峡对岸发动了多次攻击，其中许多攻击是由来自海峡群岛萨克岛的一名海盗领导，他有一个有趣的名字——“修道士尤斯塔斯”。这场冲突导致了已知的第一场帆船海战。

约翰王继续领导收复失地的战役，但收效甚微，最终于 1214 年在布汶战役中败给法国人。在英格兰，为战争支付的重税引起了内乱，法国人试图从动

约翰王（1199—1216 年在位）统治时期发行的银币。

由黑斯廷斯、新罗姆尼、海斯、多佛和桑威奇组成的“五港同盟”，在帮助英军粉碎路易王子占领英格兰南部的企图方面发挥了决定性作用。

荡的局势中获利。在许多英国男爵的鼓励下，腓力二世的继承人路易在塔内特群岛登陆，并成功占领了包括伦敦在内的英格兰南部大片地区。约翰王于1216年10月去世，他的继承人亨利三世年仅9岁。对英格兰来说，幸运的是摄政王威廉·马歇尔拥有丰富的经验。在他的领导下，局势开始不利于英格兰南部的法国军队，但路易王子仍然控制着伦敦。为了保住他的控制权，路易需要来自法国的大量增援。为了帮助法军围攻多佛，路易的妻子，卡斯蒂利亚的布朗歇，筹集资金组建了一支舰队，运送数百名骑士及其马匹、弓弩兵和步兵，以及补给物资、资金和一台巨型投石机。

马歇尔需要阻止路易王子获得增援，所以他前往“五港同盟”。“五港同盟”是南方港口的联盟，包括黑斯廷斯、新罗姆尼、海斯、多佛和桑威奇。同盟的历史可以追溯到12世纪，他们拥有相当强大的海上

路易王子（后来的法国国王路易八世）和卡斯蒂利亚的布朗歇。

力量。“五港同盟”的忠诚因法国人的到来而受到考验，但威廉·马歇尔提出恢复他们的特权，并承诺在战胜法国舰队后与其分享战利品，于是重新获得了他们的支持。威廉·马歇尔在8月19日之前到达罗姆尼，已故的约翰王为他留下一支实力可观的舰队。（在1212年之前，大多数船只都是私人拥有的，约翰王在朴次茅斯至少拥有50艘皇家桨帆船，一些人将其视为英国海军之父。）

8月20日，法军离开加来，朝泰晤士河口进发，但恶劣的天气迫使他们返回。4天后，他们终于踏上行程。根据法国人的记录，法国舰队由大约80艘船组成。其中10艘是运送骑士和士兵的大型战舰，其余的则是补给运输船。“修道士尤斯塔斯”坐镇他的旗舰，旗舰上满载战马和攻城器械。关于英国舰队舰船的数量，则存在不同的历史记录，从40艘船到22艘船不等，可能至少有16艘武装舰船，还有数艘辅助船以及几艘桨帆船和普通船只。虽然从数量上看，双方相差悬殊，但法军的舰船载重量大、吃水深，而英军的舰船更小、更轻，纯粹是攻击型舰船。

法国舰队司令尤斯塔斯，目睹休伯特·德·伯格率领的英国舰队从肯特郡驶来，从他们身后驶过。在当时，海战比较罕见，尤斯塔斯以为英军计划前往加来攻占这座港口。事实上，休伯特·德·伯格只是利用风向的优势，一旦英国舰队位于法国舰队身后，就发动攻击。彼时，舰船之间的海战通常是固定模式，涉及近距离搏斗或撞击。一旦进入射程，就可以使用弩和标枪。但由于处于顺风，英军可以利用另一种武器的优势。他们向敌船投掷装有生石灰的罐子，这些罐子砸中船只后，里面的生石灰形成云雾状，使船上的人失明。肉搏战非常残酷，到处是残肢断臂、被砸碎的头颅，有的人还被扔下船或跳海。满载货物的法国舰船在水中沉浮不定，难以操纵，尤其是尤斯

1217 年 8 月 24 日的桑威奇海战，是海军在海上直接交战的罕见早期战例。

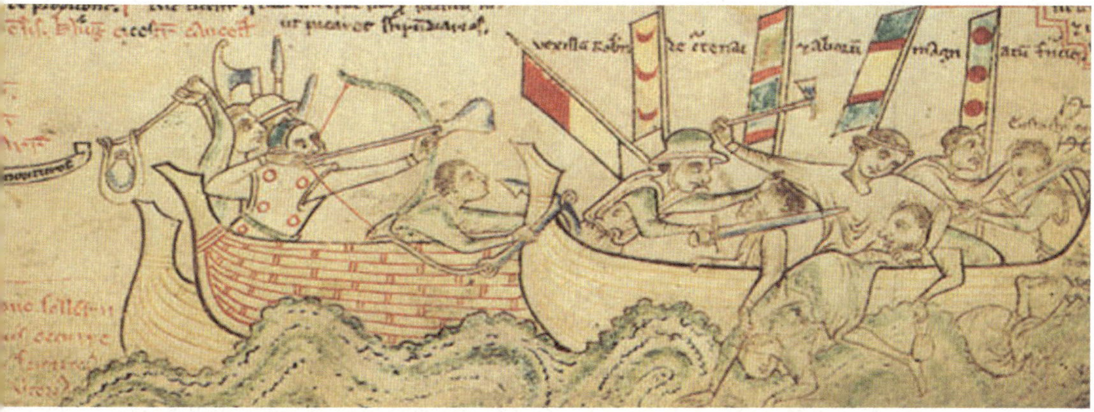

“修道士尤斯塔斯”在桑威奇海战中战死。尤斯塔斯出生于布洛涅附近，是一名雇佣兵，在不同时期分别为英格兰和法国作战。

塔斯那艘载有重型投石机的旗舰。最终，英军击败法国舰队并俘获其大部分舰船。这是一场彻底的溃败，法军只有 15 艘船幸存并返回法国。据估计，有 4000 名法国人战死，其中包括“修道士尤斯塔斯”，不过，仍有许多法国骑士幸免于难。对于法国来说，这是毁灭性损失。在占领英格兰半壁江山、英格兰王位几乎唾手可得的情况下，路易王子现在不得不向英国人求和并率军回国。在桑威奇海战中发财的英国舰队，捐出一部分财富在伦敦创立了圣巴塞洛缪医院，该医院以这场海战发生时的圣徒日命名。

斯鲁伊斯海战
Battle of Sluys

1340 年

中世纪早期，英国进行的规模最大的一次海战，是 1340 年的斯鲁伊斯海战。斯鲁伊斯位于泽布吕赫以北，在现在的荷兰境内。声称拥有法国王位的英格兰爱德华三世和法国腓力六世，在英吉利海峡两岸展开持续的消耗战。法国战舰在热那亚雇佣军的帮助下，成功突袭了英国南部港口，法军还俘获了爱德华三世最大的船“克里斯托弗”号，当时它正停泊在佛兰德斯，此举沉重打击了他的自尊心。爱德华三世决心挫败腓力六世扩张领土和控制英吉利海峡的野心，于是与佛兰德斯人结盟，宣布自己为法兰西国王，并着手组建一支舰队，将他的军队运送到佛兰德斯。商船纷纷从英格兰各个港口赶来集结，为国王效力。

历史上有各种说法，但普遍认为，大约有 160 艘船于 6 月 22 日从英格兰东海岸的奥韦尔河起航。爱德华在“柯克·托马斯”号上坐镇指挥，船上有 120 人。英军的作战计划是在 6 月 23 日对法国舰队发起进攻，他们已经得知，法国舰队位于佛兰德斯斯鲁伊斯港，但当时的潮流不利，有在沙岸上搁浅的危险。第二天早上，借助潮水，英军舰船进入河口攻击法军。法国舰队拥有 204 艘船，在数量上有优势，其中包括许多比大型帆船更容易操纵的桨帆船，但他们决定将船只用铁链锁在一

爱德华三世（1327—1377 年在位）的国玺。

法国腓力六世（1328—1350 年在位）。他与英国爱德华三世的争端，标志着英法百年战争的开始。

斯鲁伊斯海战表明，法国人在海战方面缺乏战术头脑。

起，横跨河的两岸，形成三道大屏障，从而失去其优势。法军的战术是建立一个巨大的战斗平台，因为传统的海战方式是靠近对方实施近距离攻击，并由舰船前部和后部船堡中的弓箭手提供掩护，然后贴住敌船，让身披重甲的士兵登船。但是，法国人将其舰船锁在狭窄的河道里，成了英国舰队的固定靶子。

当身披重甲的士兵进行肉搏战时，法军的损失巨大，英军的优势是压倒性的。夜晚，一支来自迪耶普的法国分舰队逃离了这场灾难，但却遭遇英国盟友佛兰德斯军队的追击，最终还是战败。6 月 28 日，欢欣鼓舞的爱德华三世给他的儿子康沃尔公爵爱德华写信，信中说道 :“我最亲爱的儿子，想必你会很高兴听到我们的好消息。”他估计有 3 万人死亡，并报告成功俘获了 180 艘船，还夺回了自己的船——“克里斯托弗”号。由彼得罗 · 巴尔巴维拉率领的热那亚雇佣军，明智地没有和他们的法国盟友在河口逗留，而是出海航行，从而躲过了这场大屠杀。巴尔巴维拉在地中海的经历，让他比法国人更懂得海上作战，而法国人似乎是以陆地作战的视角来看待这场战役。

这场海战的结局，对法国入侵英格兰的幻想造成毁灭性打击，但他们仍然拥有一支非常庞大的陆军，并且能够重建他们的舰队。海战结束后，爱德华三世登陆，在图尔奈进行了一场代价高昂但毫无效果的战斗。斯鲁伊斯海战确实导致了爱德华和腓力六世之间的休战，虽然法国在英吉利海峡继续开展打了就跑的突袭，但爱德华三世依然可以宣称这是一场巨大的海上胜利。在那个金币稀少的时代，他颁发了一枚金质贵族勋章，上面展现了他在船上的形象（一艘为战争准备的柯克船，并展示了英国和法国的武器），从而彰显英国的海上荣耀。

爱德华三世执政时期发行的格罗特银币。一枚格罗特值四便士。

温奇尔西海战

Battle of Winchelsea

1350 年

爱德华三世在斯鲁伊斯取得的巨大胜利，并没有确保英国获得制海权。法国人仍然可以进入英吉利海峡，并且他们拥有一支行动迅速的专业海军作为核心力量，爱德华则不同，他仍然依赖私人船只，而私人船只需要时间来集结。法国人及其卡斯蒂利亚盟友不断威胁着英国沿海，攻击他们的海上运输船队。

1341 年，英法战争因休战而短暂停止，但休战在 1346 年结束。爱德华召集了英格兰有史以来最大的舰队之一，但不是为了战斗，而是为了将他的军队运送至海外。英格兰所有大小港口的船只都被征用，最后总共有 655 艘船集结于达特茅斯港。德文郡派出 31 艘，伦敦派出 25 艘，普利茅斯派出 26 艘。贡献最大一支船队的港口是康沃尔郡福伊，派出了 47 艘。

原计划是在法国西南部加斯科涅登陆，与法军进行会战，但要管理好如此庞大的舰队并非易事，加上恶劣天气，使原计划不可行。因此，7 月 12 日，爱德华率军在诺曼底半岛登陆，占领卡昂并摧毁法国人在该地建造的船只，这些船是用来补充他们在斯鲁伊斯的损失。随后，英军又在克雷西的陆地战役中取得巨大胜利。陆地和海上力量的结合，使

1362年，爱德华三世（坐着）册封他的儿子，黑太子爱德华为阿基坦亲王。这次册封是英法百年战争中领土得失的结果之一。

爱德华能够将加来作为目标，他于1347年8月4日占领加来。随后，英法达成停战协议，但这份协议未能阻止法国人横跨英吉利海峡发动投机性袭击。

普通船只仅适合用来运送军队和装备，不适合用于海上作战。当时，有一种用于战争目的的船叫柯克船，是在北欧使用的货船。柯克船的底部为平底，船舷较高，能够承载大的负荷，采用“搭接式”造船法（Clinker building）建造，船体坚固。“搭接式”造船法需要船体的木板相互重叠并固定，这样造出来的船体虽然笨重但十分坚固。1982年，在德国不来梅附近的威悉河淤泥中出土了一艘柯克船。

1350年，爱德华和他的儿子（绰号“黑太子”），在海上进行了一场不同寻常的战斗。在那个年代，进攻港口是首选战术，也更有效，斯鲁伊斯海战就是在港口进行的，所以大多数海战在有天然屏障、相对较

《温奇尔西海战》，由插图画家朱迪思·多比用现代手法描绘。图为爱德华三世的“柯克·托马斯”号撞击一艘卡斯蒂利亚军舰。

浅的水域进行。在海上寻找敌人非常困难，因为情报往往来得太晚，让舰船在深水中并排作战也具有挑战性，这一问题在温奇尔西海战中就特别明显。

爱德华和他的儿子率领英国舰队驻扎在萨塞克斯海岸的温奇尔西。他们计划拦截卡斯蒂利亚舰队，这支舰队装载着西班牙羊毛驶往佛兰德斯。卡斯蒂利亚现在是法国的盟友，在沿英吉利海峡前进的过程中，它夺取了几艘英国船只作为战利品。爱德华得知，由 47 艘船组成的卡斯蒂利亚舰队被人看到在查尔斯·德拉·塞尔达指挥下沿英吉利海峡航行。卡斯蒂利亚人的船比英国人的船要大得多，并且为战斗做了充分准备。在海上拦截这样一支舰队是一项雄心勃勃的艰巨任务，因为当时的船都是单桅的，缺乏机动性。爱德华三世登上“柯克·托马斯”号，向船长罗伯特·帕塞罗下达命令：“驶向那艘船，我想和它一决高下。”他们向目标驶去，与其发生激烈碰撞，在此过程中，“柯克·托马斯”号严重受损，并开始下沉。

同一时代的编年史作家让·弗鲁瓦萨尔以生动有趣、相当浪漫的方式讲述了这场海战的故事。他描述道，当两艘船的桅杆和船堡相撞时，

爱德华三世使用柯克船。这种船拥有单桅，侧面陡峭，底部平坦，通常用橡木建造。

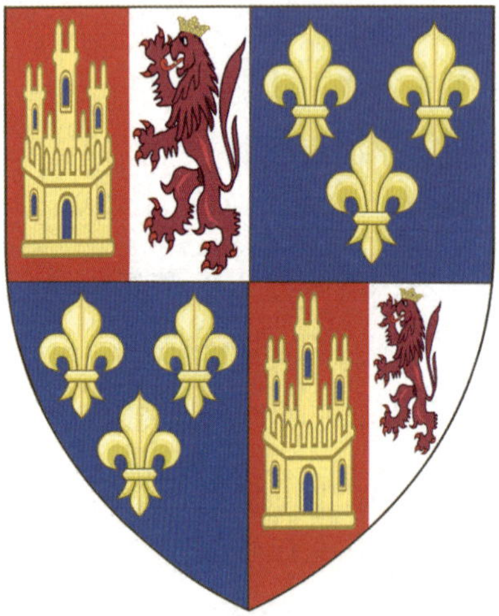

查尔斯·德拉·塞尔达的家族纹章。他不仅是一位军事领袖，还是法国丞相，1354年被政治对手暗杀。

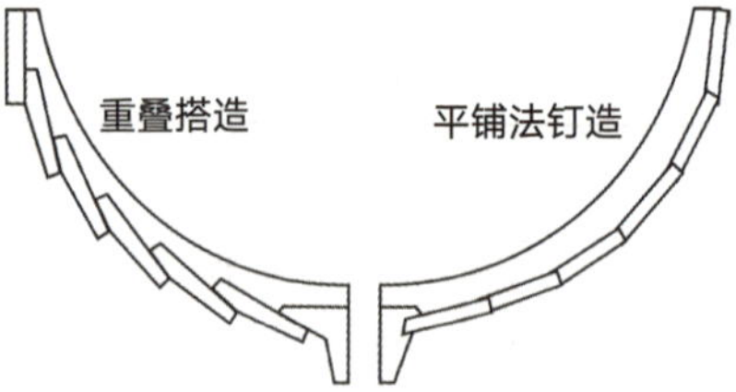

采用“搭接式”造船法建造的船，采用木板相互重叠连接的方式，而不是让木板平铺相连，船体的强度很高。这是15世纪之前北欧最主要的造船方法。

碰撞的声音犹如惊雷，把船上的人送入大海。水涌入柯克船，船员操作水泵，奋力将水排出。爱德华命令手下贴住西班牙船，说“我一定要俘虏它”，有人劝他“让它走吧，您会得到更好的船”。的确，另一艘大型敌舰来到附近，他们成功贴住了它，并在“柯克·托马斯”号完全沉没之前登上该船。黑太子也有类似经历，但他被德比伯爵的船救起。弗鲁瓦萨尔还描述说，骑士们用铁钩和铁链锁定敌船，卡斯蒂利亚弓箭手在船堡里射箭，箭如雨下，同时还投掷巨大的铁棒。

英国人在温奇尔西海战中并非大获全胜，虽然他们获得一些战利品，西班牙人损失了14艘船，但卡斯蒂利亚的舰队依然令人生畏。后来，卡斯蒂利亚内战导致其舰队在20年内都没有侵扰英吉利海峡。温奇尔西海战不可避免地被当作英国的一场著名胜利，但它的知名度更多的是与爱德华三世和黑太子的亲自参与有关。

勒班陀海战

Battle of Lepanto

1571 年

勒班陀海战是船桨驱动的舰队之间的最后一场大战，这场大规模的战舰对战发生在希腊西部海域，一支基督教联军击败奥斯曼土耳其人，取得决定性胜利。16 世纪，当大西洋里的战舰发展成浮动火炮平台时，由船桨驱动、在船艏和船艉安装有火炮的桨帆船在风向多变的地中海地区仍然很受欢迎。16 世纪中期，新出现了三桅桨帆船，它代表了海战的下一个阶段。三桅桨帆船是更大型的桨帆船，除了桨帆船原有的桨动力之外，还增加了三根桅杆，使其具有更大的动力和机动性。

奥斯曼土耳其人在地中海一带不断扩张领土，让信奉天主教的西班牙人感受到了威胁。除了担忧入侵的可能，西班牙人还担心主要居住在西班牙南部的穆斯林（摩里斯科人）可能会协助奥斯曼人，他们为此忧心忡忡。土耳其舰队控制了东地中海的大部分地区，并于 1570 年入侵塞浦路斯，围困了首都法马古斯塔。塞浦路斯当时是威尼斯共和国的属地，威尼斯人利用塞浦路斯作为基地，对前往埃及和麦加的穆斯林朝圣者船只发动攻击。

面对奥斯曼帝国的威胁，教皇庇护五世组织了西方联盟。他的“神圣联盟”集结了 200 多艘桨帆船和 6 艘三桅桨帆船，这些船上有 28000

1571 年 5 月，“神圣联盟”成立。由于其成员国的利益冲突，其创建者教皇庇护五世在世时，联盟勉强维持。他于 1572 年 5 月去世，联盟于第二年解散。

唐·胡安旗舰“拉雷亚尔”号复制品在巴塞罗那海事博物馆展出——该博物馆位于原船建造的同一地点。

奥地利的唐·胡安，他在勒班陀指挥“神圣同盟”联军时年仅24岁。他于1578年死于热病，终年31岁。

名士兵，但他们面对的是规模更大的土耳其舰队。“神圣联盟”总司令是奥地利的唐·胡安，虽然他年仅24岁，但能力出众、经验丰富，同时擅长陆战和海战。他与强大的哈布斯堡家族关系密切，因为他是已故神圣罗马帝国皇帝查理五世的私生子，也是西班牙费利佩二世的同父异母兄弟。胡安面临的挑战是如何组建一支由西班牙、教皇国、两大贸易强国热那亚和威尼斯，以及马耳他骑士团组成的舰队。作为强大的海洋城邦，威尼斯派出的舰船最多，有107艘桨帆船和6艘三桅桨帆船。这支基督教联军开始在西西里岛和意大利之间的墨西拿海峡集结。

双方都需要了解对方的实力，而在海军情报方面，很早就出现了误判。奥斯曼帝国的总司令阿里帕夏将他的舰队集中在希腊帕特雷湾，并派出一艘桨帆船去监视在墨西拿集结的神圣同盟舰队。这艘涂着黑漆、挂着黑帆的船成功潜入墨西拿港，并带回了有关对方舰船数量的情报。然而，对土耳其人来说不幸的是，这些信息并不完整，因为奥地利的唐·胡安和庞大的西班牙舰队此时尚未到达。

对于这支由不同国家组成的混合舰队，唐·胡安的解决方案是将其分成五支分舰队，但这是一个不稳定的联盟，不断有小的争端。唐·胡安率领的中央集群有62艘桨帆船，而他的左翼，是威尼斯的阿戈斯蒂诺·巴尔巴里戈指挥的53艘桨帆船，右翼是热那亚的安德烈亚·多利亚指挥的50艘桨帆船，担任后卫的是西班牙胡安·德·卡多纳率领的7艘快速桨帆船，然后还有圣克鲁斯侯爵率领的30艘桨帆船作为预备队。“神圣联盟”的舰队航行至科孚，在那里他们听说了法马古斯塔的陷落。随后，他们转移到靠近彼得雷乌斯湾入口的塞法罗尼亚，那里正是土耳其舰队的集结地。

10月6日，双方准备开战，但彼此都低估了对方的实力。双方由人力划桨的桨帆船都非常显眼，但就士气而言，土耳其舰队中充当奴隶的俘虏与“神圣联盟”的桨手之间存在着巨大差异。对这些奴隶来说，战败可能带来解放，另一方则相反，其中有些人是被雇佣的，另一些人

奥斯曼帝国的指挥官阿里帕夏因枪伤而身受重伤，在战斗中被俘并处决。他的头颅被砍下并插在长矛上，如本图左侧所示。

则是被判刑的犯人，如果获胜，他们将获得赦免或减刑。双方在军备方面也存在差异，土耳其舰队的弓箭多于枪支大炮。

当唐·胡安的舰队还在部署时，土耳其人趁机发动进攻。“神圣联盟”的左翼最先遭到进攻，巴尔巴里戈的分舰队差点被击溃。双方展开近距离肉搏战，最终基督教联军击败进攻方。在中路，双方再次发生肉搏战，但这一次更加激烈，士兵们互相登上对方的船只。两小时后，阿里帕夏被俘，并被大获全胜的唐·胡安处死。在右翼，阿尔及尔总督埃尔·洛克·阿里看到安德烈亚·多利亚的分舰队似乎要离开战场，对其展开追击。由于“神圣联盟”的后方出现了缺口，而安德烈亚·多利亚的分舰队现在又不在射程之内，埃尔·洛克·阿里于是转向攻击中央分舰队后方的桨帆船，但遭遇前来救援的圣克鲁斯预备队。战败后的埃尔·洛克·阿里率领残兵败将逃脱。战斗最终在 4 小时后结束，阿里帕夏的全体船员都被杀死。战役结束时，“神圣联盟”损失 12 艘桨帆船，而奥斯曼人则损失 117 艘船，他们严重低估了对手的实力。土耳其舰队全军覆没：15 艘船被击沉，190 艘船成为战利品。死亡人数很高，据说有 2.5 万到 3 万名土耳其人战死，而“神圣联盟”估计损失的人数大约为 8000 人。1 万名划桨奴隶随后获释。

“神圣联盟”受益于更好的火炮战术和性能更先进的火炮，包括 6 艘全新重型三桅桨帆船提供的火力。这种武器使奥斯曼人无法利用他们的肉搏战技能。对“神圣联盟”舰队规模的低估也导致奥斯曼人过于自信，强行发起这场战役。历史学家指出，土耳其苏丹的舰队已经因当年的其他战役而疲惫不堪，桨帆船由于早先的损失而人手不足，许多士兵在此战之前就已离开岗位去过冬。

“神圣联盟”的胜利被广泛庆祝，并成为许多神话的主题。在那个年代，印刷技术已经普及，让基督教联军的这一伟大胜利得到广泛传播，在简单的木刻作品中，奥斯曼人经常被称赞为英勇、值得尊敬的对手。勒班陀海战的结果并不具有决定性，地中海地区的力量平衡并没有因此而发生重大变化。

奥斯曼人很快恢复元气，到 1572 年春天，他们已经建造了 134 艘配备大炮的新船，并拥有一支由大约 250 艘桨帆船以及供其使用的多艘较小船只组成的海军。但是，由于他们还在波斯作战，所以在很多方面都捉襟见肘，无法继续在地中海进行扩张。西班牙的资源也是捉襟见肘，被转用于应对他们在荷兰面临的新挑战。1580 年，奥斯曼土耳其与西班牙达成永久停战协议。尽管如此，基督教联军的胜利表明，曾经不可战胜的奥斯曼帝国海军是可以被打败的。

勒班陀海战发生在 1571 年 10 月 7 日，多达 400 艘战舰参战。

一幅当代插图，描绘的是在勒班陀海战中从阿里·帕夏旗舰上缴获的土耳其军旗。

格拉沃利纳海战
Battle of Gravelines

西班牙无敌舰队，1588 年

格拉沃利纳海战发生之前，西班牙和英国之间的紧张局势就已持续一段时间。虽然在涉及两国关系的问题上，伊丽莎白一世小心谨慎，避免过度惹恼实力更强大的对手，但她还是向荷兰反抗者提供步兵、骑兵和资金，支持他们脱离西班牙统治寻求独立。此外，西班牙在 1585 年实施的禁运让伦敦商人感到愤怒，西班牙港口的北方船只被西班牙人扣押用于远征。虽然荷兰船队所受的影响最大，但英国商人对这一行为的反应是要求开战。

国内的呼声直接导致了弗朗西斯·德雷克爵士的远征。1585 年 9 月，他率领 29 艘船从普利茅斯起航，袭击并抢劫了西班牙在西印度群岛的财产，然后在佛罗里达短暂停留，摧毁了西班牙的圣奥古斯丁堡。这是对西班牙的攻击，也是对其大国声誉的侮辱。此时，两国都认为双方处于战争状态，当西班牙为进攻做准备时，英国舰船也加强了对西班牙的袭击。1587 年，德雷克率舰队袭击了加的斯，这是西班牙的主要海港。此战让德雷克声名大振，并导致西班牙对无敌舰队的准备工作推迟，费利佩二世对此暴跳如雷。

伊丽莎白的舰队由多艘新造三桅桨帆船和一些大型商船组成，大概

探险家、海盗、私掠者和海军指挥官弗朗西斯·德雷克在击败西班牙无敌舰队过程中扮演了关键角色，尽管他的名声和成功并不总是让他受到英国同僚的喜欢。

OPIDVM S Augustini ligneis ædibus constructum,
amœnissimos habuit hortos, vtiq solo fœcundissimo
a nobis vero cum inde solueremus iniecto igne in-
cineres redactum. Præsidium hic erat 150 Hispanoru
aliudq, item eodem numero ad duodecim Septentrione
versus leucas in loco S Helenæ dicto. hæc enim præ-
sidia quemadmodum canes in præsepi non alio consilio disposita
erant nisi ad prohibendos Anglos et Gallos ne interiectam
regionem quæ prorsus inculta iacet, occuparent

有40艘。而他们的对手则强大得多，凭借其庞大的帝国，西班牙拥有当时世界上最大的商船队。西班牙和葡萄牙商人主导海洋贸易，西班牙吞并葡萄牙后，接管了葡萄牙舰队，无敌舰队因此实力大增。但是，西班牙没有设置管理海军的官僚机构，所有决策都要经过国王费利佩二世（他依靠少数顾问），所以在行政管理方面存在瓶颈。

西班牙海军的主要任务是在英格兰夺取并守住一个基地，以便大军登陆。费利佩二世的作战指挥官是圣克鲁斯侯爵，他曾于1582年率军攻打亚速尔群岛特塞拉岛，他的精心策划使此役成为经典战例。圣克鲁斯希望在英格兰重演此战的胜利，他估计需要5.5万人的登陆部队。两栖登陆需要大量运输船，总吨位将近8万吨，以及桨帆船和200多

1586年5月，弗朗西斯·德雷克突袭了圣奥古斯丁，这一事件使英国和西班牙之间的战争氛围愈演愈烈。

艘登陆艇。圣克鲁斯计划在肯特海岸登陆，然后向伦敦推进。但费利佩二世的侄子帕尔马公爵持不同意见，他主张部队从佛兰德斯出发，发动快攻，这需要用驳船运载大量部队登陆英格兰。费利佩二世决定将这两个计划合并。一支规模较小的舰队从里斯本起航，先与佛兰德斯的部队会合，然后一起横渡英吉利海峡发起进攻。该计划让两位指挥官都不满意。两人都认为，让两支相距数千英里的部队会合，会对组织协调工作带来巨大挑战。

伟大的指挥官圣克鲁斯于 1588 年 2 月去世，由梅迪纳 · 西多尼亚公爵继任为总指挥官。西多尼亚出身豪门望族，是一位才华横溢的管理者，在他的领导下，无敌舰队完成了供给和装备工作。最终，组成无敌舰队的舰船大概有 127 艘，载有大约 3 万人，其中大多数是士兵，他们于 5 月 18 日从里斯本出发。出发后不久，科伦纳（现在的阿科鲁尼亚）附近海域的恶劣天气打乱了舰队队形，船只四处分散，无敌舰队重新集结后，向英吉利海峡进发。西多尼亚对整个行动没什么信心，甚至敦促费利佩二世取消行动，但费利佩二世相信，上帝站在他这一边。1588 年 4 月，他在给西多尼亚公爵的信中说 ：“如果你在抵达马盖特之前没有遇到敌人，那么到那里后你应该会发现英国海军上将率领的舰队，即使他们与德雷克的舰队联合，你的舰队在质量上仍然优于他们，而且你捍卫的是上帝的事业。”

西班牙的大型舰船如同装满部队的浮动堡垒，是为近距离登船交战设计的，不适合在海上进行炮战。作战顺序是以桨帆船作战模式为基础。包括旗舰在内的大型战舰，处于中心位置 ；战斗舰位于舰队后方 ；在它们之间是补给船和重型运输船。旗舰是中枢，而无敌舰队的每一部分都需要保持其相对于旗舰的指定位置。此外，还有一支由大约 20 艘船组成的小编队，它们可以脱离队列四处机动，处理各类突发情况。

英国人知道西班牙入侵部队正在佛兰德斯海岸等待，而且有一支舰队正在赶来与其会合，但具体细节尚不清楚。虽然英国人的战舰没有西班牙人的战舰大，但他们发展出一种与以往不同的海战模式，即用较

西班牙的费利佩二世是虔诚的天主教徒，将打败信奉新教的英格兰视为神圣使命。

在 40 多年的军事生涯中，圣克鲁斯侯爵从无败绩。他本可以领导无敌舰队，但在 1588 年 2 月，也就是格拉沃利讷海战前 5 个月去世。

梅迪纳·西多尼亚公爵接替圣克鲁斯侯爵担任无敌舰队司令。他是一名富有才干的领导者，但不幸的是，他有晕船的毛病。

格拉沃利讷海战结束后，西班牙无敌舰队的归途几乎环绕了不列颠群岛。

小、较轻的船只作为火炮平台。在船上的指挥架构方面，英国人也有很大的优势。德雷克开创性提出新理念，即全体船员在一名船长的领导下作为团队共同行动。而在西班牙的船上指挥系统中，贵族军官过多，权责不明确，导致指挥不畅。

英国舰队的总司令是埃芬厄姆的霍华德勋爵。虽然弗朗西斯·德雷克爵士是首屈一指和最有经验的战斗指挥官，但他实际上是二把手。霍华德的任命在很大程度上归功于他与女王的私人关系密切，但他也是一位能干且成绩斐然的外交家。他是英国海军上将，不过他的航海经验有限，所以霍华德任命多名杰出的船长加入他的军事委员会。除了德雷克之外，还有约翰·霍金斯、马丁·弗罗比舍和托马斯·芬纳。西班牙人进攻在即，德文郡和康沃尔郡成为抗击入侵的前线，理查德·格伦维尔爵士和沃特·罗利爵士获得任命，负责制订英格兰西南部诸郡的防御计划。他们准备了武器和装备，在南部海岸安排武装人员驻守，并修建了多座烽火台，以便敌方舰队到来时发信号。对理查德·卡鲁爵士等同时代的人来说，西班牙舰队似乎是一支强大的“能威胁天堂的无敌舰队”。

霍华德的军事委员会敦促他先发制人，在西班牙沿海拦截西班牙舰队，打乱他们的计划。由于缺乏资金，伊丽莎白拒绝了，只允许舰队在海上巡逻。霍华德设法将舰船分散在锡利群岛和阿申特岛之间，试图尽早发现西班牙舰队，但 6 月和 7 月的恶劣天气使英国人滞留在普利茅斯港。霍华德勋爵一边努力筹集军饷养活他的部下，阻止船员开小差，一边与女王及其顾问们保持定期通信。女王的过度谨慎，以及当国家面临如此严重威胁时还异常吝啬，让霍华德十分心寒。6 月 23 日，他的不满情绪终于爆发，在信中写道：“看在耶稣基督的分上，陛下，彻底清醒吧，看看您周围邪恶的叛国者。”当英国舰队在普利茅斯准备就绪时，关于西班牙进攻计划的流言四起。

1588 年 7 月 19 日下午 4 点，庞大的西班牙无敌舰队看见利泽德半岛，旗舰“圣马丁”号上升起了皇家军旗，同时还有一面描绘圣母玛利亚和圣抹大拉的玛丽亚的神圣旗帜。次日，西班牙舰队遇到一艘从法尔茅斯驶出的船，船上有 4 名渔民，西班牙人俘虏并审问了他们。渔民们坚持说，英国舰队已经从普利茅斯起航，他们要么是故意的，要么只是在重复谣言。

到无敌舰队时代，出现了安装更多桅杆和船帆、机动性更强的船。人力划桨的桨帆船仍在使用，但从 1545 年开始，使用火炮的战术发生了变化，通过远程射击击沉另一艘船此时成为可能。英国人有着丰富的私掠经验，他们喜欢快速、机动和装备精良的船只，但德雷克意识到，装备重炮的西班牙战舰可能会对吨位较小的英国船只造成严重损害。与此同时，英国的火炮不太可能在远距离给对手造成重大损害。如何破坏西班牙舰队的队形，或者阻止他们向英吉利海峡推进，对于这个问题，霍华德和德雷克尚未拿定主意。听到西班牙舰队逼近的消息后，他们于 7 月 20 日命令舰队出海迎战。由于风向和海流不利，英国人不得不动用曳船将船只拖曳出港口，整个过程花了一整夜时间。

最初发生在英吉利海峡的作战行动，并非一场大规模的海战，而是一系列小规模战斗，因为英国人试图想出计划来阻止无敌舰队登陆或继续向英吉利海峡前进。西班牙的舰长们收到上级的严令，要求他们保持各自在编队中的相对位置，而英国人这边，霍华德下达了截然不同的命令："最后，由于战场上可能会有许多意外，让你们不得不选择不同于我们之前所指示的任何其他航线，因此我们认为最恰当的做法是让你们根据自己的判断见机行事，去做你们认为最有利于我军的事情。"

7 月 20 日午后，两支舰队相遇，英国人对西班牙编队的左右两翼发动攻击。这两翼有西班牙人最优秀的战舰，唯一的战损属于意外。"圣萨尔瓦多"号因火药爆炸而受损，随后被遗弃，而"玫瑰圣母"号则在一次碰撞中受损，失去了船首斜桅。次日早上，德雷克成功俘获"玫瑰圣母"号，包括指挥官唐·佩德罗·德·巴尔德斯、全体船员和一个装有 5 万杜卡特金币的资金箱。对德雷克如此有价值的战利品，却并没有让他的指挥官同僚们感到高兴，他们觉得他的行为更像私掠者。然而，对"玫瑰圣母"号的检查也获取了关于西班牙大炮的详细情报，其笨重的双轮车操作起来很费劲。相比之下，英国的火炮装在四轮车上，可以连续发射，而且英国的炮手均训练有素。

西班牙无敌舰队"圣安娜公爵"号上的大炮。西班牙舰队的武器比英国舰队的同类武器更加笨重。

埃芬厄姆的霍华德勋爵，1585—1619 年担任英格兰海军司令。

双方在英吉利海峡交战一周，但西班牙舰队基本保持完好，继续稳步前进。西多尼亚曾想在索伦特海峡附近躲避，但德雷克 7 月 23 日在波特兰角和 7 月 25 日在怀特岛的攻击迫使他放弃这一想法，继续沿英吉利海峡北上。通信对无敌舰队来说是个挑战。此前，西多尼亚曾向布鲁日的帕尔马指挥部发出几条信息，但此时仍没有收到任何回复。西班牙舰队不希望被海风吹到北海，于是停泊在加来附近，不确定在哪里与帕尔马会合。

此时，战局陷入僵持：英国人无法打破西班牙人的阵形，西班牙人只损失了 3 艘船。英国舰队（此时数量已经增加到约 140 艘）的火炮并没有对西班牙的重型舰船造成重大损害，而西班牙人则发现英国舰船速度太快，没有机会与之近战。英国人需要想出新的计划。当两支舰队的停泊地点彼此相距不到 2 英里（3.2 公里）

时，霍华德召开了一次军事会议。会议的结论是用火攻船来打破僵局。英国人挑选了8艘小船，刚过午夜，西班牙人看到火攻船随着潮水向他们驶来。这一战术很有效，造成了相当大的混乱，不过西班牙人还是成功让其中两艘火攻船偏离目标。这时，西班牙舰队中的许多船只不得不砍断锚链，驶向远海，最终导致无敌舰队分散开来。拂晓时，就在格拉沃利讷附近，德雷克率领部下对余留的船只进行近距离炮击，其中包括梅迪纳·西多尼亚的旗舰，以及5艘大船。在这片海域，英国人的炮术占据上风：每门炮每小时能发射一发或一发半炮弹；而发射相同数量的炮弹西班牙人需耗时一天。

当晚，英国人步步紧逼，将西班牙人赶到浅水区，但就在英国人的攻击即将把西班牙舰队赶到岸边时，风向突变，使西班牙人得以逃入北海。8月27日，霍华德写信给伊丽莎白的首席顾问罗伯特·塞西尔：“我和女王陛下舰队的其他成员在这里等待风向改变，让我们可以去追击这些亡命之徒，我相信这帮人现在宁愿待在自己国家条件恶劣的港口内。”无敌舰队重新集结，在英军追击下，向英格兰北部海岸进发。此时双方都缺少弹药。用霍华德的话说，

理查德·格伦维尔爵士并未怎么参与对西班牙无敌舰队的作战行动，但在1591年，他指挥“复仇”号在亚速尔群岛单枪匹马地与53艘西班牙船只交战，弥补了这一遗憾。格伦维尔在战斗中牺牲，并因此成为英国海军的英雄。

沃特·罗利爵士。他对1588年英西海战的主要贡献是受命建造英国舰队的旗舰——“皇家方舟”号。

英格兰南部沿海的西班牙无敌舰队。西班牙在此次入侵中损失了大约三分之一的船只，但绝大多数损失是由于恶劣天气造成的船只失事。在格拉沃利讷海战中，西班牙仅损失了少数船只。

“我们虚张声势，追赶他们”。西班牙舰队到达苏格兰海岸后，英国舰队回到泰晤士河口，因为他们既没有武器，也没有火药，无法与敌人交战。

伊丽莎白率先庆祝这场伟大的胜利，优雅地接受臣民发自内心的感谢，但此时的她退居幕后，不再参与赢得胜利的舰队及其水手的任何事务。霍华德则与之相反，并不打算忽视他的责任，他的帮助是非常必要的，因为这时伤寒在舰队中肆虐。霍华德敦促女王保持舰队的完整，直到知晓西班牙舰队的最终命运，他亲自为饥饿的水手购买新鲜食物，并在多佛为他们找到了住处，甚至卖掉自己的部分财产来为这些人购置衣

物。此外，他还从“玫瑰圣母”号上征用了德雷克的部分战利品，他说：“如果不是迫不得已，我不会去碰这些东西；但如果我没有东西给这些可怜的人，我宁愿自己不在这个世界上。”当霍华德准备返回宫廷时，他的反思充满睿智：“如果不照顾好这些人，让他们忍饥挨饿、悲惨地死去，以后我们就很难让民众为国参军。”

绕过北部岛屿的长途跋涉最终使西班牙的入侵计划化为泡影。他们面临着漫长的航行，船只受损，伤亡惨重，食物和水短缺，军队疲惫不堪，士气低落。值得称道的是，梅迪纳·西多尼亚带着 67 艘船返回，其中包括数艘最好的战舰，但它们被严重损坏，而且无敌舰队总兵力的

纪念击败无敌舰队的奖章，上面有拉丁文题词“FLAVIT ET DISSIPATI SVNT”（上帝把他们打散）。

8月7日的格拉沃利讷海战导致无敌舰队最终战败。格拉沃利讷是法国沿海城镇，位于加来和敦刻尔克之间，这场战役就发生其附近海域。

所谓的《无敌舰队画像》是由一位匿名艺术家在 1588 年底绘制的，画中充满了庆祝英格兰战胜西班牙的寓意符号。例如，在右上角，西班牙船只被一股神圣的“新教之风”吹到岩石上。

三分之一未能返回。

英国人可以自豪地宣称自己战胜了西班牙的霸权，正如一位历史学家所说，“帆船和舷侧炮这一令人生畏的组合，将使英国在未来 250 年称霸全球”。西班牙举国陷入悲痛，而它的敌人则备受鼓舞，因为先前其不可战胜的神话被打破。英国人继续发动新的进攻，并对自己在海上的统治力更加自信。

加的斯海战
Battle of Cádiz

1596 年

英国在 1588 年成功抵御了西班牙的入侵，但威胁依然存在。1596 年，伊丽莎白一世派出远征军，攻击西班牙本土的一个重要港口，当时她 63 岁，已经在位 38 年。在霍华德勋爵的远征军出发前，伊丽莎白一世写了一篇特别的祈祷文：

> 凭借先见之明，您能够真正了解，我们现在这支出征的军队充满决心，并非出于复仇的恶意、对受伤的质疑、流血的欲望、对金钱的贪婪，而是出于满怀关心和疲惫的守望。

不同于德雷克对西印度群岛的远征（那次远征主要由私人以股份形式提供资金），此次远征完全由伊丽莎白一世自掏腰包。西班牙海军的备战工作让英国人越来越感到焦虑，因此，虽然其他远征的目标是西班牙的白银运输船队，但这次远征是针对西班牙海军蓄意发起的一次先发制人的打击。伟大的海军指挥官德雷克和霍金斯这时已经去世，但海军上将霍华德勋爵仍在担任指挥官。他亲自负责这次远征，他的任务很明确：

约翰·范·杜伊文沃德，荷兰海军指挥官。

加的斯海战中，英国与荷兰联合省结盟，对抗他们共同的敌人——西班牙。

Puerto S. Maria
Guadalete
SINUS
Vulgo
OCEA
BA
Los Puercos
Castillo S. Philipe
Cadiz
Caleta
Puntal
S. Catharina
Punta de S. Sebastiano
NUS ATLANTI
INSULA GADITANA, Vulgo ISLA DE CADIZ.
Binudium Milliaris Hispanici.

加的斯湾地图。虽然海湾的地形易守难攻，但加的斯守卫者对英荷联军的进攻毫无准备，他们不得不烧毁己方船只，以阻止该地落入敌手。

在西班牙战船出海前就将其烧毁在港湾，同时摧毁其粮仓和用于武装海军的军火，使爱尔兰叛军无法得到补给和增援，并在很长一段时间内，使西班牙国王手中没有可用来进犯我国的强大海军。

6月1日，霍华德率领100艘帆船，包括运送陆军部队的运输船，从普利茅斯起航。舰队中有17艘船属于女王，还有一支由约翰·范·杜伊文沃德领导的荷兰分舰队，这是他们第一次与英国人一起作战。霍华德严格保密，直到舰队抵达西班牙奥特加尔角附近，他才发出经过密封的命令。如此庞大的舰队难以隐匿行踪，所以他们俘获了任何可能发出警报的过往船只。对西班牙人来说，当他们看到进攻舰队绕过圣文森特角时，才知道英国人打过来了。

加的斯是一个三面都是开阔水域的半岛，6月20日，英国舰队在加的斯附近抛锚停泊，等待涨潮。次日拂晓时分，英军发动攻击。霍华德和他的舰长们凭借高超的专业素养，完成了一次艰难的联合作战行动，而英国海军则继续从战争中汲取经验，在许多方面变得更加高效。所有的西班牙战舰不是被俘获就是被摧毁。英国陆军在女王宠臣——性格张扬浮躁的埃塞克斯勋爵带领下，占领了这座城市。对英国人而言，这是一次巨大的胜利，唯一略显遗憾的是，他们错失良机，未能俘获一支载有贵重货物的出港船队，因为这些船只被自己的船员纵火焚毁。

当时，英国军队军纪严明，沦陷城市的居民受到了人道的对待。梅迪纳·西多尼亚公爵在城市沦陷后抵达该地区。霍华德在一封文字简洁明了、关于交换俘虏的拉丁文信中，忍不住提醒公爵先前的一次遭遇。“由于我曾在1588年被女王陛下任命为指挥官，我想我对您来说可能并不陌生……”

埃塞克斯渴望永久占领加的斯，并得到了杜伊文沃德的支持，两人都认为，这会严重扰乱西班牙本土与西印度群岛和东印度群岛之间的贸

埃塞克斯勋爵。作为一名富有争议的军人和政治家，埃塞克斯曾是女王伊丽莎白一世的宠臣，但在 1601 年因密谋推翻女王的统治而被处决。

易往来，但霍华德否决了他们的提议。他没有接到这样的行动命令，而且他也意识到，从远处维持对加的斯的控制是很困难的。远征军在摧毁了防御工事和公共建筑后返回，留下了被焚毁的13艘战舰、11艘西印度群岛商船和许多小船。

他们带着两艘新的西班牙战舰、12000件军械和劫掠来的货物返回英国。据西班牙人估计，这些货物的价值超过2000万杜卡特金币，包括金银币、金银餐具、大量的珍珠、丝绸、糖和其他物品，甚至还有书籍。霍华德的牧师爱德华·多蒂从耶稣会学院（Jesuit College）拿走了17本神学著作，后来将它们赠送给了赫里福德大教堂（Hereford Cathedral），并保存至今。埃塞克斯则更为大胆，他拿走了法罗主教（Bishop of Faro）的全部藏书，并把它们送给了托马斯·博德利在牛津新建的图书馆，即现在的博德莱安图书馆。伊丽莎白女王只将12000英镑的金银币和餐具收入囊中。

对西班牙来说，加的斯失守是一场重大的财政灾难。英国人扰乱了白银运输船队，在西班牙本土占领如此重要的位置也产生了严重的政治影响。费利佩二世命令他的舰队立即进攻英格兰，在短短3个月内，马丁·德·帕迪拉率领一支由160艘战舰组成的舰队进入英吉利海峡。这次进攻本来非常成功，因为英军舰船正在查塔姆进行改装，而且英格兰西南部诸郡也没有什么防御设施，但天气再次打乱了西班牙的计划。西南暴风席卷了加利西亚沿海附近的西班牙舰队，导致舰队损失了30艘大型战舰，其余船只不得不逃往港口避难。西班牙征服英格兰的野心从此终结，战后不到两年，西班牙的费利佩二世驾崩，5年后，他的妻妹伊丽莎白一世也撒手人寰。

第一次英荷战争
First Anglo-Dutch War

1652—1654 年

海军上将罗伯特·布莱克，在第一次英荷战争中负责管理英格兰海军。他是一位伟大的指挥官，有人认为他是英国有史以来最伟大的海军将领，一位历史学家声称“他的辉煌战绩从未被超越，甚至连纳尔逊未能做到”。

17 世纪的两个贸易大国是英国和荷兰，他们在 17 世纪下半叶打了三场海战，主要是在北海和英吉利海峡。在荷兰人争取从西班牙独立过程中，英国一直支持他们，到 17 世纪中叶，荷兰发展为贸易大国。荷兰的商业网络横跨大西洋，延伸到南北美洲，向东远至日本。荷兰海军在英吉利海峡和北海与英国海军相抗衡，并将英国人赶出了波罗的海，成为木材的主要运输商。荷兰东印度公司阻止英国东印度公司向东扩张，使其不得不退回印度。在日益强大的商人阶层的巨大压力下，英联邦（English Commonwealth）于 1651 年通过了第一部《航海法》，目的是让英国商船垄断英国贸易，而荷兰人则主张开放贸易。

正是在这一时期，帆船战舰舰队变得越

荷兰东印度船“阿姆斯特丹”号的现代复制品，该船曾经是荷兰东印度公司强大实力的象征。最初建造它的目的是用于泰瑟尔岛至巴达维亚的贸易，船上有 200 多名船员，于 1749 年在英吉利海峡失事。

来越重要。以前，舰队都是在危机时刻组建，危机结束后解散，但此时私掠活动成为威胁，而且变得非常有效。装备精良的私掠船攻击敌方商船，促使商船组织成有护航的船队，他们需要国家派军舰保护。国家舰队拥有大型、全副武装的军舰，但也需要增加武装商船。

17 世纪发生过多场海战，有相当多的海战并未产生决定性战果，但在这一时期，人们获得了关于海军航海战术、纪律和管理的宝贵经验。1652 年古德温暗沙海战并不是特别广为人知，它开始于英国或荷兰宣战之前。这场战役主要是现场人员行动的结果，不是重大的政治决定，而且事前毫无计划。

古德温暗沙海战（1652 年）

这一时期，这两个奉行重商主义的国家，关系非常紧张。英国议会宣称英吉利海峡为其领海，外国船只在遇到英国军舰时，要降下国旗以示敬意。英国人在搜查违禁品时，也要求中立船只遵守拦截和搜查政策。在古德温暗沙事件发生的前几天，一支荷兰护航船队遭到英国海军

古德温暗沙海战是一场“偶然”的交战，无意中引发了 100 多年的英荷冲突。

肯梯斯诺克海战是第一次英荷战争中双方海军的首次正式交战，时间是 1652 年 9 月 28 日。

一支小型分舰队的攻击，起因是当时护航的军舰拒绝降下国旗。

马尔滕·特龙普海军中将率领由 40 艘帆船组成的舰队抵达古德温暗沙附近，并向尼赫迈亚·伯恩少校指挥的一支小型英国分舰队抗议，称他们只是在躲避恶劣天气。海军舰队经常在公海上遇到潜在的敌人，在两国关系高度紧张的时期，船上的战斗人员无法迅速确定陆地上的局势是否已发生变化，或者是否已经正式宣战。至今仍不清楚哪一方先开火，但这场战斗是第一次英荷战争的开幕战。

伯恩通知了海军上将罗伯特·布莱克，他当时正率领一支由 14 艘船组成的分舰队驻扎在拉伊。与此同时，特龙普在多佛附近海域抛锚，并无视悬崖顶上多佛城堡的鸣炮示警，鸣炮的目的是提醒他升起旗帜。特龙普的舰队留在此地过夜。次日早上，荷兰舰队看到布莱克的分舰队从拉伊向他们驶来，特龙普明智地率领舰队离开，驶向加来，他选择的航线从南部的布莱克舰队和北部的伯恩舰队之间穿过。接下来发生的事情一直以来从未被解释清楚。本来可以逃脱的特龙普决定攻击布莱克的分舰队，于是战斗开始，伯恩带领他的分舰队成功困住了荷兰人。这是一场非决定性混战，一直持续到晚上。特龙普最后率军逃脱，但损失了两艘船，而英国人则没有损失。

肯梯斯诺克海战（1652 年）

随着两国正式开战，英国人试图摧毁荷兰海军，阻止其开展商业活动，断其财路。荷兰人决心保护他们的船队，于是派出一支由 60 艘船组成的舰队，由海军中将维特·科内利松·德·威斯指挥，以确保荷兰商船在英吉利海峡的安全通行。英国海军上将布莱克拥有一支由 68 艘船组成的舰队，两支舰队于 1652 年 9 月在靠近泰晤士河口的肯梯斯诺克沙洲附近海域相遇。荷兰人率先开火，布莱克的几艘船搁浅在沙洲上，但英国人奋力回击，给荷兰人造成了损失和伤亡。随后，荷兰人向南面的英国舰队发起攻击，但海军中将威廉·佩恩爵士组织起反击。经过 3 小时的激战，荷兰人在夜幕降临时撤退。他们又损失两艘船，英国人宣称取得胜利，因为他们没有损失一艘船。

荷兰议会（Dutch States General）组建了另一支由 73 艘船组成的舰队，并再次让特龙普上将指挥，命令他在保护大型船队的同时，“想方设法对英国人造成伤害”。这些船队沿着英吉利海峡航行，运送货物往返于荷兰在美洲、西印度群岛和远东的殖民地。

邓杰内斯海战（1652 年）

11 月，布莱克发现特龙普的舰队，此时他的舰队停泊在唐斯，共有 37 艘船。布莱克可能没有意识到敌方舰队的规模，但他还是命令舰队起航，发起进攻。然而，由于风势太大，两支舰队无法交战，它们都被吹向西南方向。第二天早上，两支舰队位于邓杰内斯角附近，此时布莱克的舰队陷入困境，被迫进行战斗。这一次，荷兰人取得了胜利，英军 3 艘船被击沉，荷兰人只损失了 1 艘船。特龙普成功护送一支由 400 艘商船组成的船队安全通过英吉利海峡，进入大西洋。

这场战役导致英国国务会议（English Council of State）采取新的行动，他们派出军队增援布莱克，理查德·迪恩将军和乔治·蒙克将军担任增援部队的联合指挥官。增援舰队由政府船只和武装商船混编而成，但后者的战斗积极性受到外界质疑，认为它们更倾向于自保。6 名英国船长因未能支持布莱克而被解职。此外，部分舰队成员在前不久曾与英格兰为敌，导致外界担忧其忠诚度。舰队颁布了新的军规，海军军官被派去指挥武装商船。为了激发海员的积极性，制订了新的工资标准和照顾伤病员的计划，还修改了有关战利品的规定，确保海员能像俘获商船一样从俘获荷兰战舰中获益。此外，国务会议召回原本用于地中海贸易护航的军舰，将海军所有舰船集中到英吉利海峡。

乔治·蒙克在英国内战期间是一位战功卓著的议会派陆军将领，1652 年被任命为海军上将后，他依旧立下赫赫战功。

波特兰海战（1653 年）

这场战役有时被称为“三日海战”，包含一系列战斗，而不是一次经过严密策划的作战行动。海军上将特龙普当时正护送一支由 150 艘商船组成的船队穿越英吉利海峡向东航行，他的护航舰队有 81 艘船。2 月 18 日，他们发现一支规模相当的英国舰队迎面驶来。特龙普本来可以利用当时的风向逃离，但他选择了转向，与前锋的数艘英国战舰交战。英军三支分舰队彼此分离。一直向前行驶的是布莱克率领的分舰队，他们陷入荷兰舰队的包围并差点被击垮，但布莱克的数艘大型战舰一直坚持奋战，直到其他两支分舰队加入战斗。这是一场混战，双方战舰近距离厮杀，互相登船和反登船。最终，英国人击退了荷兰人，并对商船队形成威胁，迫使荷兰舰队脱离战斗。在接下来的三天里，两支舰队在英吉利海峡上互相周旋。特龙普利用他的航海知识带领船队通过浅水区，因为他知道体积更大的英军舰船无法跟上。最终，特龙普带领船队中的大多数舰船成功逃脱，但也损失了 30—60 艘商船，有 4 艘军舰被英国人俘获，另有 5 艘军舰沉没。英国人只损失了 1 艘船，3 艘受损。

两军在海上相遇时，多数情况下会变得极其混乱。双方均明智地将舰队编成三支分舰队：一支分舰队担任前锋，一支由舰队司令坐镇指挥的分舰队居中，第三支分舰队由海军少将指挥，担任后卫。每艘船均被命令保持其与分舰队指挥舰之间的相对位置，要在帆船之间的战斗中做到这一点并非易事。指挥官与其指挥的船只之间进行通信也是件难事。每艘船的船员在技能和经验方面均有所不同，再加上大炮开火产生的烟雾以及战场上的混乱，导致在战斗期间保持对各类舰船的管控几乎是一项不可能完成的任务。看到分舰队指挥官发出的信号本来就很困难，更不用说舰队司令发出的信号。1653 年 3 月，英国高层向海军发布新的条令，对信号进行明确定义，并为战列线制定了作

海军上将马尔滕·特龙普是荷兰最优秀的海军指挥官，在第一次英荷战争中一直领导荷兰海军。1653 年，他在斯海弗宁恩海战中阵亡，这是荷兰海军事业的重大损失。

战条令。该条令规定英军战舰将火力强大的侧舷面向敌方，从而有利于发挥火炮的火力。条令中还强调，舰队需要“以相互支持的方式进行机动和战斗”。在接下来的一个半世纪里，这些条令成为海军战术和训练的基本依据。

加巴德沙洲海战（1653 年）

特龙普率领荷兰舰队于 5 月再次出海，英国舰队随后展开追击。两支舰队最终在哈里奇附近的泰晤士河口发现彼此。在相互清点战舰数量后，双方发现彼此势均力敌，98 艘荷兰船对 100 艘英国船。在迪恩和蒙克的指挥下，英军很好地执行了新作战条令，排成新月队形。战斗在上午打响，迪恩在荷兰人的首轮侧舷开火中阵亡，当时他正站在皇家海军“决心”号甲板上。这场战斗是蒙克将军参加的第二场海战，此时的他突然成为总指挥。在交战大部分时间里，英国舰队一直保持迎风位置，迫使荷兰人平行航行并使用火炮。荷兰人的首选战术是靠近英舰并登船，而英国人则依靠其操炮技术。炮战持续到第二

加巴德沙洲海战。此战是荷兰海军历史上最惨痛的失败之一，导致英国控制了英吉利海峡和北海。

天，由于弹药不足，荷兰舰队遭受重创，特龙普不得不下令退出战斗。与之前的小规模战斗相比，这是一次决定性失败，英国人没有损失任何船只，伤亡 400 人，而特龙普的舰队总共损失 20 艘船，其中 11 艘被俘。这场海战的胜利也是英军新式作战队列的胜利，正如英军一位参战人员所评论的那样："我方舰队的队列确实比以前更好，而且相互支援。"

斯海弗宁恩海战（1653 年）

尽管损失惨重，荷兰人还是迅速重建了舰队，1653 年 7 月，特龙普率领一支由 125 艘船组成的舰队与蒙克的舰队相遇，斯海弗宁恩海战爆发。虽然在这次海战中，双方舰队不像上次那样排列有序，而且彼此都不止一次地穿过对方队列，但英国人再次取得胜利。伟大的统帅特龙普海军上将阵亡，荷兰人损失了大约 30 艘船，而英国人只损失了 2 艘。但英国人付出了更沉重的代价，大约有 1000 人死伤，数量超过以往的海战。第一次英荷战争的

斯海弗宁恩海战。荷兰人发起这场战役，试图打破英国对其港口的封锁。虽然英国人取得战术上的胜利，但双方遭受的损失导致两国进行和平谈判以及第一次英荷战争的结束，而且，正如荷兰人所希望的那样，英国解除了贸易封锁。

最后两场海战表明，战列线战术与高效操炮技术相结合这一发展中的作战思想取得了成功。在斯海弗宁恩海战中，英国人采用了战列线与近战相结合的战术，这导致较高的伤亡。然而，到了当年秋天，恶劣天气给残存的荷兰舰队造成重大损失，荷兰议会不得不走到谈判桌前。第二年，第一次英荷战争结束。

圣克鲁斯-德特内里费海战
Battle of Santa Cruz de Tenerife

1657 年

继伊丽莎白时代的私掠活动之后，17 世纪内战期间以及之后的时间，英国海军从萌芽状态开始不断发展壮大，它的活动范围逐渐从地中海扩大到北美和西印度群岛。英国海军还扩大了其行动类型，1657 年，在特内里费岛作战行动中，英国海军对海岸防御工事和停泊的船只展开了攻击。1656 年 3 月，海军上将罗伯特 · 布莱克率舰队在西班牙海岸附近巡航，目标仍然是运送金银回国的西班牙船队。成功将其俘获，为财政捉襟见肘的英格兰共和国（English Republic）带来急需的纾困资金，使其能够支付陆军和海军舰队的费用。

虽然海军少将理查德 · 斯泰纳在 9 月俘获了 2 艘三桅大帆船，布莱克依然发现西班牙人的行踪让人难以捉摸。于是，布莱克采取了一项在当时看来不同寻常的行动，他决定让他的舰队在海上过冬。这样一来，在下一支西班牙船队到来时，他们就能提前收到消息。这实际上是一种封锁，迫使西班牙人改变策略，将他们的 11 艘船开进加那利群岛。在这里，他们可以等到英国人放弃封锁或荷兰人给他们提供护航。

1657 年 4 月，布莱克听说西班牙运宝船队位于特内里费岛的圣克鲁斯，随即率领整支舰队出航，他赌的是位于加的斯的西班牙舰队无法及

圣克鲁斯－德特内里费海战。此次战役的目的是夺取西班牙从其南美殖民地运来的金银和货物。虽然英国人没有成功，但也阻止了这批金银被运回西班牙，从而对该国的经济稳定造成严重破坏。

时逃离加的斯湾。然而，他手下的船长们对此感到不快，认为他们的指挥官过于谨慎，让他们失去获得战利品的机会。此外，布莱克与这些船长之间也存在强烈分歧。他们到达特内里费岛后，布莱克召开了一次会议。海军少将理查德·斯泰纳在作战报告中写道，“将军召开会议，想知道我们应该采取什么行动，指挥官们让他很不高兴，这种情况一直持续

海军少将理查德·斯泰纳。斯泰纳在英国内战期间是资深议员，他在第一次英荷战争中表现突出，并在圣克鲁斯－德特内里费海战中领导了进攻。1660 年查理二世复辟后，他作为海军少将率舰队护送国王回英格兰。

至周六，直到他郑重其事地要求他们予以配合，才开始跟他们说话”。

在会议上，他们制订了一项作战计划。布莱克命令每支分舰队派出 4 艘船，共计 12 艘。它们将在斯泰纳少将率领下驶入圣克鲁斯湾，攻击停泊于此处的西班牙船，而布莱克和舰队的其他成员则留在外海提供火力掩护，计划“摧毁城堡”。西班牙人在圣克鲁斯湾沿岸修筑了多座

英国人在圣克鲁斯－德特内里费海战中获胜后，罗伯特·布莱克回到他的旗舰“乔治”号上。这张图片取自1905年出版的《德雷克的鼓和其他海洋之歌》(*Drake's Drum and other Songs of the Sea*)一书，作者为亨利·纽博尔特。这也许可以解释为什么这艘船和人物身上的制服看起来很“现代”。

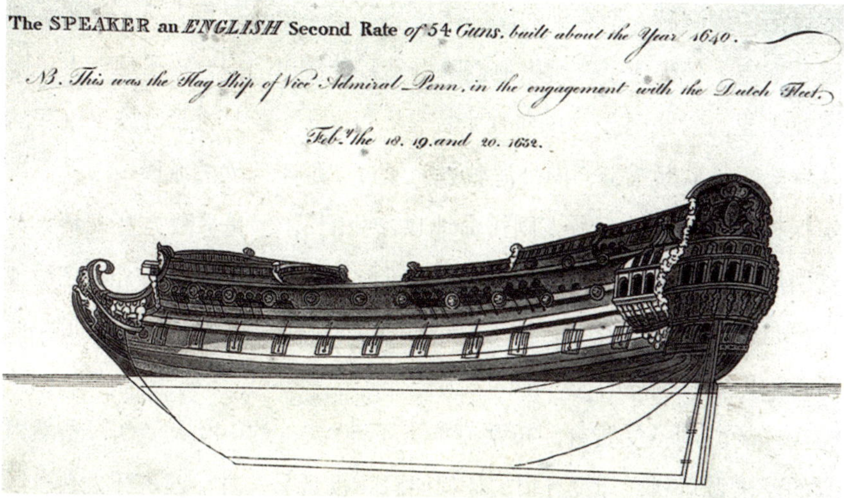

"议长"号。面对西班牙在特内里费岛的强大防御火力，它严重受损，失去了桅杆，但依旧幸存下来。

堡垒和炮台，防守严密，为运输财宝的船队提供保护。海湾内风向多变，通常情况下难以预测，因此进入海湾的船只可能无法安全撤离。

在斯泰纳给各位船长的命令中，告诉他们什么时候要跟随他，在后来的记述中，他写道，他告诉他们"我看到哪里最危险，我就去哪里，他们在抛锚之前不得开炮"。4 月 20 日清晨，斯泰纳在他的旗舰"议长"号上指挥其他战船。幸运的是，他发现几艘西班牙船停泊在来袭舰船和海岸之间。因此，如果岸上炮台开火，会有误伤己方船只的风险。战场纪律严明的英国舰队首先对位于内线的小船发动攻击，然后将注意力转向 7 艘三桅大帆船。

大约中午时分，布莱克和第二批英国战船进入海湾，到下午 1 点，所有西班牙船均被俘获或摧毁，各个堡垒也被进攻方的精确火力压制。布莱克此时已取得胜利，但他还需要率领舰队返回外海。5 艘英国战船试图拖曳被俘获的船，这些船可带来数目可观的奖金，但当时的风向不利，而且部分西班牙炮台仍在向其开火。布莱克下令点燃战利品并将其放弃，最终他手下的船长们不情愿地照办了。当天下午，英国舰队慢慢地设法清理海湾。斯泰纳的旗舰“议长”号受损最严重，另一艘船试图将其拖走，但失败了，所以他们不得不冒着被岸上炮台攻击的巨大风险留在那里。傍晚时分，风向发生变化，“议长”号上的船员放下仅存的几片船帆，砍断锚链，向外海驶去，经过“那座巨大的城堡……我们被迫保持火炮静默，而敌人则拼命地攻击我们”，但是“敌方有大量火药被引爆，可能是被我方炮火击中，也可能是他们自己发生意外；之后他们再也没有向我们开过一炮”。黄昏降临时，英国人到达安全地带，此时，他们所有损坏的桅杆都落入海中。

这场胜利备受赞誉。布莱克损失了60人，约140人受伤，虽然对方的反击很猛烈，却没有损失任何船只。反观另一方，西班牙人拥有防卫森严的港口，而且有逆风相助，但他们的船只依然被全部摧毁。

英格兰共和国议会大声赞扬“上帝非凡的仁慈”，然而，他们并没有获得巨大的经济利益，因为西班牙人在袭击前就已将金银从船上卸下并藏在了内陆。西班牙人也没有从这批金银中获益，因为它们仍然留在特内里费岛。由于缺乏军饷，西班牙军队在进攻葡萄牙时，有大量军人开小差，导致西班牙于1667年勉强承认葡萄牙独立。同样，驻扎在佛兰德斯的西班牙军队也缺乏军饷，这削弱了西班牙的实力。西班牙不再是一个大国，其黄金时代即将结束。

第二次英荷战争

Second Anglo-Dutch War

1665—1667 年

17 世纪的海军舰队仍然是各种船型的混合体，而船长的能力则更加参差不齐。有几支舰队仍然由商船船长掌舵。在战斗中，商船船长纪律性差，会为了丰厚的战利品去追赶已遭重创的敌方船只，而不是保持作战队形，这种情况并不罕见。尽管如此，在这一时期，开始出现职业海军，海军的管理水平不断提升，但受到严重延误和腐败行为的影响。同时，海军建筑科学也在发展，这一领域有新修订的著作发表。查理二世复辟了君主制，并试图给英国带来稳定，他不愿与荷兰人开战，不过荷兰在商业上的不断成功让英国的商人阶层感到恐慌。相反，查理二世授权进行小规模的远征。他的兄弟约克公爵领导了其中一次远征，1664 年 8 月，英国

英国国王查理二世。1660 年，查理二世复辟，此后他试图避免对外冲突，但经济压力和对英国商人阶级的依赖，使他在 1665 年带领英国与地区对手荷兰开战。

人占领荷兰在北美的城市新阿姆斯特丹，并将其改名为纽约。1665 年 3 月，英国向荷兰宣战，第二次英荷战争爆发，开战的原因既有经济原因，也有查理二世宫廷的派系斗争。

洛斯托夫特海战（1665 年）

荷兰人于 5 月出海，他们的指挥官雅各布・范・瓦塞纳尔・奥布达姆海军上将接到的命令是打败英国人。双方的舰船数量均为 100 艘左右，但有不同的组织方式。出于政治原因，荷兰舰队由不少于 21 支分队组成，每支分队均有自己的将级军官，这些分队编成 7 支分舰队。英国舰队分成 3 支分舰队，由约克公爵詹姆斯担任总指挥，他同时兼任中央分舰队指挥官。鲁珀特亲王率领的分舰队作为前锋，桑威奇伯爵率领的分舰队担任后卫。战斗打响时，英国舰队排成一列，但并未始终保持这一队形。当两支舰队交战时，战场陷入混乱，双方均多次穿过对方防线，大都属于意外，并非有意为之。在战斗某个阶段，约克公爵所在的旗舰“皇家查理”号与奥布达姆海军上将所在的“伊恩德拉赫特”号直接交火。这场海战是约克公爵军事生涯中的第一场海战，差点让他命丧黄泉。一发链弹横扫了“皇家查理”号的后甲板区，杀死他的几名随从。奥布达姆海军上将被一发炮弹夺去性命，没过多久，他船上的弹药库爆炸，许多船员丧生。群龙无首的荷兰人在混乱中撤退。当晚，“皇家查理”号并未乘胜追击，而是选择收兵，这可能是为了确保王位继承人约克公爵的安全。战斗结束时，荷兰人伤亡 4000 人，另有 2000 人沦为战俘，还损失了 32 艘船，而英国人只损失了 1 艘船，伤亡近 900 人。第二次英荷战争的首场战斗，让英国人获得了制海权，这场大胜让英国海军获得了新的信心。

1666 年 6 月，蒙克将军和鲁珀特亲王共同率领一支舰队出海，前去拦截敌方舰队。鲁珀特亲王是查理二世的外甥，同时也是一位经验丰

约克公爵詹姆斯。他是查理二世的兄弟，第二次英荷战争期间，他担任英国海军司令，负责指挥英国军队。1685 年，查理二世死后，他成为国王詹姆斯二世。

1664年新阿姆斯特丹的景色。同年，英国人占领这座北美城市，将其改名为纽约，此地成为英国进一步向美洲内陆扩张的基地之一。

洛斯托夫特海战对英国人来说是一场巨大胜利，但他们在荷兰人撤退时未能乘胜追击，导致第二次英荷战争又拖了两年。

富的船长。两人决定将舰队一分为二，鲁珀特亲王率领其中一支分舰队向西航行，拦截此时已与荷兰人结盟的法国人。蒙克（此时已晋封阿尔伯马尔公爵）则率领 54 艘船，驶向位于奥斯坦德和哈里奇之间的英吉利海峡，迎战由德·鲁伊特海军上将指挥的荷兰舰队。荷兰舰队由 84 艘船组成，规模庞大，尽管如此，阿尔伯马尔公爵仍然发动了进攻。这是一场漫长而血腥的消耗战，被称为“四日海战”。由于英国舰队在规模上处于劣势，而且德·鲁伊特海军上将的战术更加高明，最终英国人战败，损失了 10 艘风帆战列舰，另有 6 艘火攻船和 10 艘船被俘获。荷兰人则损失了 4 艘风帆战列舰和 5 艘火攻船。此战的失利在英国国内引发舆论指责，但战争仍在继续，双方开始迅速重整军备。

鲁珀特亲王。作为职业军人，鲁珀特在英国内战中领导保皇党骑兵部队，查理二世复辟后，他升任皇家海军司令。

圣詹姆斯日海战（1666 年）

7 月，英荷双方均补充了新船，这证明双方的造船厂均具有快速恢复能力。在英国，鲁珀特亲王发布了包括信号在内的附加指令，约克公爵也批准了修订后的作战指令。这些指令要求舰队“使敌人始终处于背风位置……并特别注意保持队形，开火时不得让炮弹从己方船只上方越过，违者格杀勿论”。虽然掌握风向是一种已知的战术，但现在它被视为在战斗中获得优势的关键。

> 7 月 24 日下午 4 点，两支舰队相遇。英国人总共有 81 艘战舰，其中 23 艘是新造战舰，荷兰人有 88 艘舰船，其中 8 艘是新造战舰。次日，7 月 25 日（圣詹姆斯日），两支舰队排成战斗队形。托马斯·阿林爵士指挥的分舰队担任前锋（红队）。鲁珀特亲王和阿尔伯马尔公爵在中央分舰队（白队）的“皇家查理”号坐镇指挥，杰里米·史密斯爵士指挥的分舰队（蓝队）担任后卫。荷兰人这边，海军上将约翰·埃弗森指挥前锋分队，德·鲁伊特指挥中央分队，已故海军上将马尔滕·特龙普的儿子科内利斯·特龙普指挥后卫分队。

战斗在上午 10 点左右开始，第一艘遭遇荷兰人炮火的英国战舰是海军中将托马斯·特德曼爵士所在的“皇家凯萨琳”号。双方的前锋展开近距离交战。荷军指挥官埃弗森过早阵亡，这导致他的旗舰意外撞上另外 5 艘船。上午 11 点，双方的中央分队开始交火，在两支舰队相互缓慢靠近之时，侧舷火炮不间断地开火，直到彼此进入滑膛枪射程之内。这是一场大屠杀，双方都使用了火炮和火攻船。一名观察员写道：“伦敦整天都能听到炮声，而在布鲁日，据说大炮的轰鸣声甚至使房屋和床铺发生震动。”

米希尔·德·鲁伊特海军中将。作为真正伟大的海军统帅，德·鲁伊特在第二次英荷战争中与英国人作战，并取得辉煌胜利。

在现代人看来，圣詹姆斯日海战很奇怪，但这场战斗并不是连续进行的，船只的位置也并不总是很明显。受损的舰船可以撤离前线进行维修，然后返回。“皇家查理”号和“亨利”号不得不撤退进行维修。军医总监詹姆斯·皮尔斯目睹了这场海战：

> 3点左右，我方海军上将的旗舰离开战线，在海上游荡了大约1小时来修复战损，“君主”号顶替了它的位置。不久之后，德·鲁伊特的火攻船被击沉，船上的主桅杆被击落，顺风向他的舰队冲去。3点至4点之间，“亨利”号脱离战斗，它的两根桅杆都被打坏了。大约就在这个时候，他们整个舰队顺风而行，除了那些闯入红队和蓝队的船只。大约4点，看到一艘船在我方舰船附近燃烧，我们判断这是我方的一艘火攻船。大约半小时后，我们看到一艘船在“皇家橡树”号附近爆炸，判断这是荷兰人的船。

“皇家查理”号修好后，朝着德·鲁伊特的船驶去，浓烟笼罩着这两艘船。英国人的后卫分队（蓝队）在中午时分与对方交战，特龙普指挥的后卫分队最初稍占优势。他主动带领其舰队穿过一个缺口，强行与对方展开混战。下午4点左右，德·鲁伊特带着剩下的7艘船，跟随前锋分队向东南方向撤退，英国人对其展开追击。

次日，追击仍在继续，但荷兰人的前锋和中央分队到达英格兰西南的弗拉兴，一路没有发生战斗。然而，特龙普的舰队距离弗拉兴还有30英里（48公里），他最终设法摆脱了英国人，并于7月27日与德·鲁伊特汇合。

荷兰人伤亡惨重，大约有4000人死亡，3000人受伤，而英国人这边报告的阵亡人数为300—500人。荷兰损失了20艘船，而英国只损失了1艘，即“决心”号。此外，荷兰还损失了多名海军统帅、5名将级军官和几名舰长。

战役结束后，德·鲁伊特指责特龙普玩忽职守，特龙普则还以颜色，指控德·鲁伊特抛弃了他的舰队。结果，特龙普被解职。在英国，指挥后卫分队的杰里米·史密斯爵士受到指责，原因是特龙普的舰队从他手中逃脱，但阿尔伯马尔公爵为他辩护，最后，查理二世宣布他无罪。英国全国上下对这样一场全面胜利感到欢欣鼓舞，但注定不会持续太久。

荷兰突袭梅德韦河（1667 年）

1667 年 5 月，由于资金短缺，查理二世下令英国舰队停止出海，较大的舰船被拖入梅德韦河，停泊在靠近查塔姆的海军船坞。荷兰政治

“皇家查理”号。突袭梅德韦河后，荷兰人将其拖回荷兰，并作为旅游景点展示，这让查理二世非常恼火。

突袭梅德韦河。这一大胆的攻击使荷兰人在第二次英荷战争结束时占据上风。

家约翰·德·维特一边准备和平谈判，一边另有打算，暗地里策划一场突袭。

6月7日，荷兰舰队停泊在防御薄弱的泰晤士河口，从而使德·鲁伊特得以发动一场大突袭。荷兰人派出一支小型舰队，驶入梅德韦河，冲开警卫船只，突破防御链，然后攻击大型舰船。这些舰船无人驾驶，也没有武器，成为荷兰人的瓮中之鳖。“皇家橡树”号、“忠诚的伦敦”号和“皇家詹姆斯”号之前已搁浅，而阿尔伯马尔公爵的旗舰“皇家查理”号处于停泊状态，船上大部分武器装备已被移除。

1673年，“皇家查理”号被当作废品出售，但俘获它的荷兰人将其船艉作为战利品保存，至今仍在阿姆斯特丹展出。

此次突袭让英国人损失惨重。日志记载者塞缪尔·佩皮斯是新设立的海军管理局的职员，他从在查塔姆担任书记员的爱德华·格雷戈里手中得到一份关于损失情况的报告。

> 我强忍着悲伤给您回信。荷兰人掳走了装备32门铜炮的“皇家查理”号和“团结”号，烧毁了“皇家詹姆斯”号、“忠诚的伦敦”号、“皇家橡树”号、“马蒂亚斯”号、“查理五世”号和“圣玛丽亚”号，击沉了“马默杜克”号、5艘火攻船、2艘双桅帆船、1艘快速平底船和1艘双桅渔船……至于敌人的损失，他们有10艘火攻船被烧毁，他们自己炸毁了1艘战舰，还烧毁了另一艘大船。

英国作家约翰·伊夫林目睹了在查塔姆上演的这场悲剧，并表达了对民族自豪感的震惊。“他们整支舰队得意扬扬地停在泰晤士河口……这是任何一个英国人都未曾见过的可怕景象，也是永远无法抹去的耻辱。”1667年7月31日，两国在布雷达签订和平条约，荷兰舰队此时仍然在英吉利海峡。对英国人来说，第二次英荷战争就这样不光彩地结束了。

第三次英荷战争

Third Anglo-Dutch War

1672—1674 年

让·德·埃斯特雷，第三次英荷战争中法国海军指挥官。

第三次英荷战争始于查理二世的虚荣心，他需要钱，于是与法国达成一项击败荷兰的秘密计划。英国皇家海军将在法国舰船的协助下消除荷兰人的海上威胁，而法国陆军则在一支英国小分队的协助下率先对荷兰发动陆上进攻。表面上看，战争的起因是荷兰军舰继续拒绝承认英国对英吉利海峡的主权要求，并在与英国军舰相遇时拒绝降下国旗。1672 年 3 月 12 日，查理二世下令对一支从地中海返回的荷兰大型船队展开攻击。

此时，荷兰海军的实力依然强大，所以英法结盟确实有助于提高胜算。英国人此时制订了 26 条战争法规和作战指令。荷兰人也完善了他们的战术，

在索尔湾海战中燃烧的"皇家詹姆斯"号。"皇家詹姆斯"号是当时最先进的战舰，装备了最新最先进的"鲁珀蒂诺"（Rupertinoe）火炮，加入皇家海军不到 4 个月就被击沉。

虽然没有通用的作战指令，但他们采用了纵队战术。每次战斗前，双方都会为各自的船长写下作战命令。荷兰和英国海军都开始淘汰商船，军舰的设计继续得到发展。第三次英荷战争的 4 场主要战役包括索尔湾海战、两次舒恩维尔德海战以及 1673 年的泰瑟尔岛海战，这几场海战均被描述为混战。

索尔湾海战（1672 年）

约克公爵的作战计划是通过封锁荷兰人的港口来阻止他们进入北海，法军指挥官让·德·埃斯特雷海军中将也持同样观点。与此同时，荷兰人的计划是阻止法国和英国舰队会合。双方都没有实现他们的目标，但荷兰人在跟踪英法联合舰队过程中，于 5 月 28 日在萨福克附近的索尔湾成功地打了他们一个措手不及。法国舰队向南航行，与荷兰舰队的一支分舰队进行了一场长距离战斗，而英国舰队则与荷兰舰队的其余舰船一决高下，荷兰人拥有风向优势。桑威奇伯爵失踪了，在他的船

舒恩维尔德海战。过度拉长的战线、糟糕的战术以及英法联军之间通信不畅，使得荷兰人在舒恩维尔德的两场战斗中都取得了胜利。

爱德华·斯普拉格爵士，英国海军指挥官。

沉没后溺亡。约克公爵不得不将他的帅旗从“亲王”号上移走，先是移至“圣迈克尔”号，然后移至“伦敦”号。下午晚些时候，当风向变得对英国人有利时，荷兰人选择撤退。双方都声称取得了胜利，但损失惨重。英国人对法国人进行了指责，并发现两军协同作战是件很困难的事。

舒恩维尔德海战（1673 年）

第二年，荷兰和英法舰队在 6 月的两次舒恩维尔德海战中再次相遇。荷兰人也在陆地上抵御法国人的进攻，只能召集一支由 64 艘船组成的小型舰队。德·鲁伊特曾计划对梅德韦河进行第二次突袭，但英国人的防御做得比上一次更好，于是他率领舰队退至斯海尔德河口。鲁珀特亲王的舰队有 86 艘船，他把法国舰队放在中央，而爱德华·斯普拉格爵士指挥后卫舰队。特龙普海军上将的舰队此时赶来与德·鲁伊特的舰队会合。虽然鲁珀特亲王的舰队在数量上有优势，但并没有给他们带来好处，因为德·鲁伊特舰队位于一片有遮蔽的浅水区，这片海域给英法舰队造成阻碍。德·鲁伊特自幼就了解这一区域，并很好利用了这一优势。外界对鲁珀特亲王的评价是：胆大无畏的统帅，但不是老练的战术家，他与特龙普进行了一场私人战斗，英法联军在收获甚微后被迫撤退。一周后他们卷土重来，德·鲁伊特的战术再次挡住了对方的优势兵力，联军一无所获。法国舰队并未发挥预期作用，虽然它在整个舰队中的位置发生改变，但这一改变也并不令人满意。德·埃斯特雷上将和他的军官同僚不理解英国人的作战指令和程序，还经常误解其战术，或者不知道如何执行。

如此庞大的舰队和超过 7 英里（11.2 公里）的战线意味着通信是一个挑战，即使是在能见度高的情况下。斯普拉格后来抱怨道：“亲王身处前沿，法国人位于中间，战线太长了，我看不到舰队司令发出的任何信号。”英国人制定了几条规则，以确定在某些情况下应采取的行动，英军的作战指令非常明确地规定，作战时战舰要排列成线，并明确了战斗中的优先事项。荷兰舰队的战术也有所发展。他们的战术仍然是与对方短兵相接并登船进行白刃战，但在进行防御时，他们的舰船先排成一列，然后分成两列和三列，以便在英国人试图穿过他们的战线时加强火力。

泰瑟尔岛海战（1673 年）

8 月 11 日，双方舰队在泰瑟尔岛附近相遇，英法联合舰队在数量上更占优势：86 比 60。这一次，法国舰队担任前锋，鲁珀特亲王指挥

泰瑟尔岛海战。泰瑟尔岛海战是17世纪英荷战争结束的标志（18世纪80年代发生了第四次英荷战争），荷兰在此战中取得战略胜利。就在此战15年后，荷兰王子奥兰治的威廉加冕为英国国王威廉三世。

中央舰队，斯普拉格指挥后卫舰队。德·鲁伊特的舰队向中央舰队发起进攻，特龙普的舰队则驶向斯普拉格的舰队。这两个人是老对手，战斗异常激烈。斯普拉格第二次移动他的旗帜时，他的驳船被击中，他本人溺水身亡。与此同时，法国舰队通过巧妙的机动获得风向优势，然后保持与敌方的安全距离，无视鲁珀特亲王发出的让其重新加入战斗的信号。尽管胜算不大，但德·鲁伊特拯救了他的国家，使其免受入侵威胁，战斗结束后，他将舰队完整地带回国。德·鲁伊特的勇气和领导力使他成为所有荷兰人的英雄。约克公爵十分钦佩这位荷兰海军将领，评价他为“当今世界最伟大的人”。1674 年 2 月 9 日，英国与荷兰达成了和平条约，仅仅 3 年后，查理二世的侄女玛丽就嫁给了荷兰王子奥兰治的威廉。他们后来作为联合君主统治英国，此后两国海军合并。

拉乌格海战
Battle of La Hogue

1692 年

1688 年，英国国王詹姆斯二世逃离伦敦，他将英国国玺扔进泰晤士河，人们将这一行为视为他已事实上退位。詹姆斯的女儿玛丽信奉新教，她和荷兰丈夫威廉在“光荣革命”之后成为英国第一对联合统治者。在法国人帮助下，詹姆斯试图夺回王位。1689 年 3 月，他率军入侵爱尔兰，先在南部登陆，然后围攻伦敦德里。由于需要增援和支持在爱尔兰的部队，皇家海军捉襟见肘、疲于应付，导致其军费不足，军中弥漫着不满情绪。而同一时期的法国海军，境况更好，它是由路易十四的海军大臣科尔贝建立。法国花费巨资建立了一支由 80 艘风帆战列舰组成的舰队，这些战舰普遍比英国战舰更大，武器更精良。

海军上将拉塞尔，在拉乌格海战中担任英荷联军指挥官。拉塞尔是所谓的“不朽七杰”（Immortal Seven）之一，这 7 位贵族在 1688 年向奥兰治的威廉发出邀请，要求他废黜詹姆斯二世，成为英格兰国王。

威廉三世。作为英格兰“受邀国王”，威廉和妻子玛丽的统治开启了君主立宪制时代，联合王国至今仍采用这一政体。

1690年6月，威廉三世乘船前往爱尔兰，亲自领导对抗詹姆斯二世的战斗。与此同时，一支庞大的法国舰队从布雷斯特驶向英吉利海峡。托林顿伯爵赫伯特接到与法国人交战的命令，但他还是心存疑虑。他有一支由56艘船组成的舰队，其中包括一支由多艘荷兰战舰组成的分舰队，对抗由75艘船组成的法国舰队。6月30日，两支舰队在比奇海德附近海域相遇，法军取得了胜利，尽管如此，他们的指挥官图维尔伯爵后来受到批评，理由是他没有乘胜追击，扩大战果。英国人此时发现他们处于危险境地：詹姆斯二世的军队打到爱尔兰，海军又战败。但第二天就传来好消息，威廉三世在博因河战役中打败了詹姆斯二世的军队。

詹姆斯二世返回法国，但路易十四意识到英国的弱点，于是制订了入侵计划，派军队在托贝湾登陆。法国人认为自己是英吉利海峡的主人，而且还相信皇家海军对威廉国王非常不满的报告。然而，事实正好相反，威廉正计划入侵法国，大部分皇家海军官兵都忠诚于他，尽管这种忠诚存在一定局限性。英荷舰队中，大约有三分之二是英国人，三分之一是荷兰人，但总司令总是由英国人担任，这不可避免地不受荷兰人的欢迎。此外，与英国舰船相比，荷兰舰船的速度明显较慢，这给两军的协同作战造成了困难。

1692年5月9日，英荷舰队指挥官们获悉，法国海军正在诺曼底海岸的拉乌格集结，他们认为法国人正计划进攻海峡群岛。法国人打算将拉乌格建设成大型海军基地。法国军事工程师沃邦计划建造码头，让军舰无论涨潮与否都可以停泊。此前，沃邦在敦刻尔克成功完成过类似工程。但在这个阶段，拉乌格的建设尚未开始，所以任何船只都必须停泊在海岸外或靠岸进行维修。

5月19日，海军上将拉塞尔指挥的英荷舰队与图维尔的舰队相遇。英荷舰队排列成一条绵延2英里（3.2公里）的战列线，荷兰舰队位于战列线尾部。最初的交战发生在战列线中部，图维尔率军猛攻，希望联军的部分船只会借机叛逃，但这种情况并未发生。到下午4点，荷兰拉乌格海战。作为历史上的一场重大战役，拉乌格海战终结了法国入侵英格兰以及帮助詹姆斯二世复辟的计划。

舰队和克劳兹利·肖维尔爵士率领的英军中央分舰队突破了法国人的战列线，但纪律严明的法国舰队依旧秩序井然地向西航行。到了晚上，随着战斗的停止，两支舰队都随着强劲的潮水向西航行，但由于大雾天气，法国舰队得以保持隐蔽。如果说法国舰队队形不乱，相对而言，英荷舰队则更加分散，导致通信变得很困难。5 月 20 日，风向转为西风，两支舰队都抛锚进行维修，彼此相距仅 2 英里（3.2 公里）。这片海域有强烈的潮汐，双方指挥官心里都很清楚，他们必须最大限度地利用潮汐和风力，才会有取胜的机会。法国舰队的一支分舰队逆西风而行，准备绕过海牙角，前往圣马洛。法国舰队的其余部分在正前方遭遇汹涌的涨潮，潮水将他们和英荷联军推向相反方向的巴弗勒尔。图维尔率领 12 艘船分两队抵达圣瓦斯特－拉乌格。拉塞尔指挥两支分舰队发起进攻，并利用可以在近岸停留的轻型吃水船来阻止法国人逃跑。联军先对法军进行轰炸，当潮汐对他们有利时，他们派出一艘火攻船，摧毁了 6 艘法国舰船。5 月 23 日上午，联军对

“皇家太阳”号的毁灭。这艘法国旗舰在拉乌格海战中燃起大火并沉没，船上 900 多人中只有一名水手生还。

剩余 6 艘法国舰船发动攻击，同时遭到攻击的还有驻扎在那里的许多运输船，这些运输船用来为入侵计划运送大部队。到当天结束时，图维尔损失了 12 艘船和大约 30 艘运输船。在岸上，有 24000 多名法国士兵还在等待，流亡的国王詹姆斯二世和图维尔海军上将目睹了这场失败，图维尔亲眼看着他的旗舰“皇家太阳”号燃起熊熊火焰。

英国人和荷兰人宣称这是海军的一场伟大胜利，即使帕内捷率领的法国分舰队成功抵达圣马洛，这场胜利也解除了对法国入侵的威胁。玛丽女王建立了格林威治海军医院以示庆祝。但在一年之内，法国人就通过之前已经启动的大型造船计划补充了所有损失的船只。法国海军的政策此时转变为“无差别攻击”(guerre de course，即所有法国舰船均被赋予攻击敌方商船队的全权)。第二年，图维尔的舰队在前往士麦那的途中，拦截了一支估计由 400 艘英荷商船组成的运载贵重物品的大型船队，从而报了一箭之仇。大约四分之三的商船逃脱，但有 92 艘船被击沉或被俘。损失惨重，相当于 1666 年伦敦大火所造成的损失，而法国人则以 3000 万利弗尔的价格出售了他们的战利品——一位著名海军历史学家估计，这笔钱相当于法国海军一年的预算。

纪念拉乌格海战的金质奖章。前面显示的是英国和荷兰盾形纹章。

帕萨罗角海战
Battle of Cape Passaro

1718 年

1717 年，西班牙出动海军，向东航行穿过地中海。在成功拿下撒丁岛后，西班牙舰队带着船上的陆军部队向西西里岛进发，计划入侵意大利本土。这对西班牙王位继承战争后形成的脆弱和平局面造成直接威胁。英国、法国和奥地利组成盟国，试图确保西班牙遵守其签订的《乌得勒支条约》，该条约旨在为欧洲的稳定创造广泛基础。神圣罗马帝国皇帝查理六世获得了伦巴第、撒丁岛和那不勒斯，这些地区当时属于西班牙，从而引起西班牙费利佩五世及其意大利妻子的强烈不满。这对夫妇的野心是夺回意大利各省。为了遏制西班牙，英国积极开展外交活动，试图建立四国联盟。英法这对老冤家携手与荷兰共和国结盟，他们希望奥地利也加入进来。

英国、法国和奥地利此时迫切需要在欧洲全面战争爆发之前阻止西班牙的行动，而英国皇家海军被认为最有能力实现这一目标。因此，海军上将乔治·拜恩爵士率领舰队于 1718 年 5 月 20 日从英国起航。当时尚未正式宣战，谈判仍在继续。乔治·拜恩最终抵达米诺卡岛，在那里他得知西班牙计划组织反英的国家同盟，并用斯图亚特王朝的王位觊觎者取代乔治一世。西班牙人此时拥有一支由运输船和小

乔治·拜恩海军上将。他是技术娴熟、受人尊敬的水手，曾在帕萨罗角海战中担任英国舰队主帅，并于 1727 年成为第一海军大臣（First Lord of the Admiralty）。

安东尼奥·加斯塔涅塔。他在帕萨罗角海战中担任西班牙舰队主帅，但他更为人所知的身份是船舶设计和建造者，一旦指挥战斗，事实证明他不是乔治·拜恩的对手。

型船只组成的舰队，载有 16000 名士兵和 8000 名骑兵，他们于 7 月 10 日抵达西西里岛，占领了该岛的南部地区。拜恩寻求与奥地利总督在那不勒斯举行会议，并于 7 月 15 日签署《四国联盟条约》。拜恩随后率军南下，阻止西班牙人

海军上将拜恩的舰队来到那不勒斯。皇家海军舰队在前往西西里岛途中停了下来，以便正式签署《四国联盟条约》。

占领西西里岛的其他地区。

拜恩是个实干家，做事果断，在他看来，“指挥官召开军事会议的唯一目的是让他远离他无意从事的事情”。当他到达西西里岛和意大利之间狭窄的墨西拿海峡时，他派乔治·桑德斯上尉去见西班牙军队主帅，要求他们离开该岛。这一要求遭到拒绝，桑德斯回来报告说，西班牙人似乎有进攻那不勒斯王国的意图。拜恩决定率舰队继续前进，通过

帕萨罗角海战中，有 6000 名西班牙人伤亡，而英国人的伤亡人数为 500 人。11 艘西班牙风帆战列舰被俘，3 艘被击沉。皇家海军没有损失任何船只。

墨西拿海峡，向西班牙海军发起进攻。

就在西西里岛南部附近海域，拜恩发现，由 21 艘战舰组成的西班牙舰队以及随行的火攻船和臼炮艇排成一条战列线。西班牙人不知道皇家海军的动向，也不知道正在进行的外交活动。他们随后离开，仍然排成一条战列线。拜恩的舰队连夜一路跟踪，到第二天早上，几乎追上西班牙舰队。许多西班牙战舰都属于轻型战舰，由海军上将安东尼奥·加斯塔涅塔设计，采用流线型船身，其主要任务是保护商船，而不是排成战列线。

战斗刚开始时，由6艘西班牙战舰组成的小分队，连同数艘桨帆船、火攻船和臼炮艇，从西班牙主舰队中分离出来，朝岸边驶去。乔治·沃尔顿舰长指挥“坎特伯雷”号和其他5艘船对其展开追击。英国舰队的其他成员随后与西班牙主舰队交战。拜恩并未让舰队排成一条战列线，而是命令手下全面追击，其结果是他的舰长们各自找吨位相近的舰船交战，并向西班牙战列线的两侧靠近。冲在前面的两艘船，“格拉夫顿”号和“奥福德”号并未首先开火，直到殿后的西班牙舰船的船艉炮朝其开火。英国人随后还击并俘获了“圣罗莎”号。后续跟进的英舰也取得不错的战果，截至下午 1 点，“肯特”号和“格拉夫顿”号已与加斯塔涅塔上将的旗舰交战。拜恩所在的“巴弗勒尔”号位于后方，但拜恩的妹夫——斯特林森·马斯特舰长指挥装备 60 门火炮的“卓越”号取得胜利，俘虏了西班牙舰队总司令。西班牙舰队的其他舰船也与英军发生交火，其中包括皇家海军前舰长乔治·卡米克少将指挥的 2 艘西班牙舰船，他因支持斯图亚特王朝复辟于 1714 年被解职。

最终，拜恩的舰队俘获 11 艘船，摧毁了西班牙舰队中的 3 艘战舰（总共 21 艘战舰），终结了西班牙通过建立更广泛的欧洲联盟来抗衡英国的野心。然而，说服西班牙人放弃西西里岛花了相当长的时间。经过两年多的武力说服，包括对西西里岛港口的封锁和法国对西班牙的入侵，西班牙才从意大利撤军。拜恩上将继续留在地中海，在外交工作中发挥主导作用，英法联盟一直持续至 1731 年。

帕萨罗角海战纪念章，上面显示了乔治一世扮演的海神，以及皇家海军的部分战利品。

菲尼斯特雷角海战
Battle of Cape Finisterre

1747年

帕萨罗角海战30年后，英国、法国和西班牙在海外贸易和建设殖民帝国方面成为竞争对手。在北美和印度，英法展开权力斗争。皇家海军的首要任务是保护贸易并防止法国援军到达其海外基地。1746年8月，海军少将乔治·安森被任命为西部舰队司令，该舰队的任务是保护贸易，骚扰敌人，并作为反入侵部队进行巡航。安森因在1740—1744年率舰队进行环球航行而闻名于世，在获得上述任命时，他正负责守卫英吉利海峡入口。

海军少将彼得·沃伦爵士，在菲尼斯特雷角海战中担任乔治·安森的副手。作为皇家海军的一颗新星，沃伦在1752年突然死于热病，终年48岁。

法国人的目标是印度，并于1746年占领马德拉斯，但他们需要增援来巩固其地位并接管英国的工厂。于是，1747年春，法国东印度公司的18艘商船在3

乔治·安森海军中将，在菲尼斯特雷角海战中担任英军指挥官。他是能力卓越的军事统帅，也是优秀的管理者，为皇家海军带来多项改革和效率提升。

艘军舰的护送下，从罗什福尔出发。由于大风，他们没能走多远，在艾克斯锚地与另一支由 24 艘商船组成的法国船队汇合，这支船队的目的地是加拿大，有 5 艘军舰护航，由海军少将德·拉·容基埃指挥。这支联合舰队决定一起驶向马德拉群岛，截至 5 月 2 日，他们已到达菲尼斯特雷角以北 12 英里（19.3 公里）处。

这样一支由装备精良的商船和护航军舰组成的大型舰队不可能不引起注意，安森已经在搜寻他们。首先，他率舰队向南航行至比斯开湾，确保舰队的所有人员都处于战备状态。然后，他命令所有战舰排成一排，彼此之间保持大约 1 英里（1.6 公里）的距离，如同在大西洋撒下一张大网，用来捕捉法国舰队。5 月 3 日上午，安森收到通知，称前方有大批敌军。

安森舰队的战舰和火炮数量均多于法国舰队，总共拥有 14 艘风帆战列舰（其中包括装备 90 门火炮的旗舰“乔治亲王”号），9 艘装备至少 60 门火炮的战舰和 2 艘装备 50 门火炮的炮舰。法国舰队指挥官看到英国人开始追击，于是将自己置于英国战舰与他的商船护航舰队之间。然后，他命令所有战舰和 3 艘东印度公司的大船组成战列线。英国战舰提前排成一列，博斯卡文舰长指挥的皇家海军“纳穆尔”号打头阵。在这个阶段，纪律至关重要，因为战列线的主要威力来自各艘战舰的团结和联合火力。指挥皇家海军“德文郡”号的彼得·沃伦少将是安森的副手，他急于接近商船队以防止其逃跑。但当他试图向法国人加速前进时，很快就收到召回命令，要求他回到自己的战斗位置。

到下午时分，安森命令几艘主力舰队驶向法军战列线中央，此举造成法军的两艘东印度商船惊慌失措，脱离了战列线。容基埃看到他努力打造的战列线正在瓦解，于是发出撤退信号。安森随后下达全面追击的命令。由于摆脱了战列线的限制，各艘英国战舰争相抢夺战利品。下午 4 点，丹尼斯舰长指挥的装备 50 门炮的“百夫长”号最先遭遇法国舰队。随后，越来越多的英国战舰追上来，发挥他们非常高效和准确的炮术，俘获了多艘法国船。同时代一份关于这场战役的报告指出，英军指

英国艺术家塞缪尔·斯科特绘制的菲尼斯特雷角海战。这场海战对法国有着深远影响，它削弱了法国在加拿大和印度的地位，从而加强了英国在这两个地区日益增长的影响力。

挥官们为争夺各种战利品而相互争吵妒忌。英国人总共俘获 6 艘战舰和数艘法国东印度商船，还有 5 艘商船和 3 艘小型护卫舰。安森对法国人的英勇表现印象深刻，不过，让他非常满意的是参战途中他对舰队进行训练的结果。在他看来，这场胜利是英军炮兵的功劳。

我方火力比敌方更猛，发射间隔也更短；显然，我方火炮的命中率更高……对方表现不俗，虽然损失了舰船，但赢得了

荣誉和声誉。不过，我可以毫不谦虚地说，我方舰队更加训练有素，与对方向我方输出的火力相比，我方的火力要强得多，在我军所有战舰追上敌军之前，很容易判断谁的火力最优，敌舰的实力优于与其交火的我方战舰。

这个令人欣喜的消息由“百夫长”号送回英国，丹尼斯舰长获得500英镑奖励。安森获得贵族头衔，并因可观的奖金而致富，4年后他

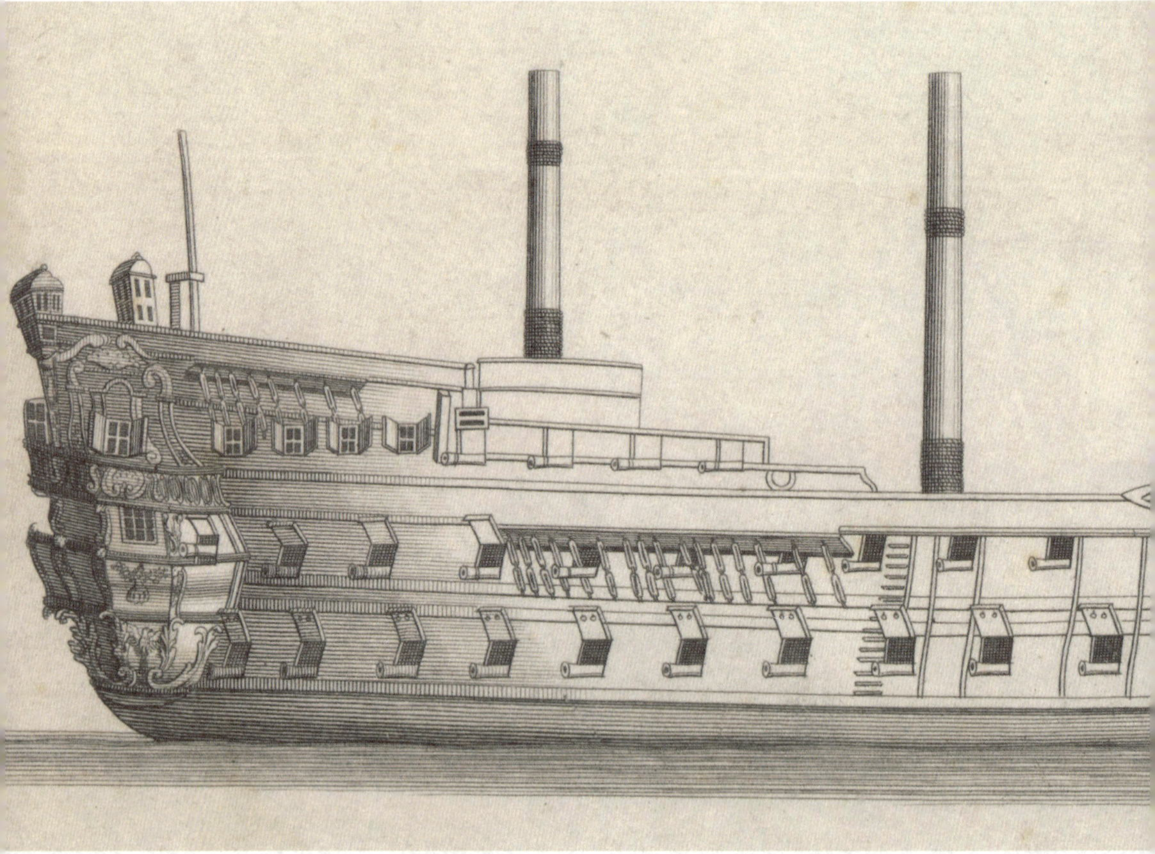

成为海军大臣。法国海军设计师新设计的“无敌”号在菲尼斯特雷被俘，该舰在法军中仅服役3年，装备74门火炮，现在加入了皇家海军。英国人对它进行了仔细研究并作为未来战舰的样板。在战略上，这场被法国人称为奥特加尔角海战的战役具有更广泛的影响。法国海军实力受损，加拿大和印度所需的增援部队均未到达，削弱了法国在这些地方的地位。战术方面的经验教训表明：一支训练有素、团结一致的舰队可以取得胜利；通过计算风险和灵活应变，而不是严格坚持标准战术，可以取得胜利。

“无敌”号画像。俘获这艘法国战舰对英国来说很有价值，因为造船专家们能够研究它的先进构造，并将获得的经验融入皇家海军未来舰艇的设计中。例如，“无敌”号在1747年被俘时，英国舰队中还没有装备74门炮的舰艇；到1805年特拉法尔加海战时，四分之三的皇家海军舰艇都是基于“无敌”号的设计，74门炮的配置成为世界上大多数舰队的标准配置。

纪念菲尼斯特雷角海战胜利的勋章，上面刻有参加战役的6名主要海军指挥官的名字。

基伯龙湾海战

Battle of Quiberon Bay

1759 年

海军上将爱德华·霍克。他在基伯龙湾海战中担任皇家海军指挥官，取得了全面和决定性胜利。即便如此，霍克后来仍感到后悔，觉得不应该过早结束战斗，因为他在天黑前还有两小时时间来彻底击溃法军。

从 1739 年到 1815 年，英法两国几乎一直处于战争状态。始于 1756 年的七年战争涉及所有的欧洲大国，但在北美，战争形式是英法之间争夺统治地位。战争的起因主要是北美的英法定居者之间发生摩擦。在皇家海军的悠久历史中，基伯龙湾海战被誉为最辉煌和最重大的胜利之一。这场海战是在大风中进行的，战场位于暗礁遍布、危机四伏的浅海。胜利的取得并不只是依靠火力，而是凭借高超的航海技术。

为了牵制英国在北美的行动，法国人决定入侵英国，并开始组建他们的舰队。然而，法国的海军力量此时处于分散状态，康弗兰侯爵和他的 21 艘战舰位于布雷斯特，还有 12 艘战舰位于地中海，隶属土伦舰队。与此同时，法国军队正在布列塔尼的瓦讷和奥斯坦德集结。英国人知道法国舰队需要摆脱在布雷斯特遭受的束缚，因此继续保持封锁，并于1759年5月派出由海军上将爱德华·霍克爵士指挥的舰队来加强封锁力度。

封锁行动给后勤工作带来重重困难。由于缺乏新鲜食物补给，经常导致船员产生严重的健康问题。霍克上将成功使一支由至少32艘风帆战列舰组成的大型舰队在海上停留了6个多月，这充分说明了他的管理能力。霍克建立了一套定期补给系统，用运输船将活牛、蔬菜和啤酒从普利茅斯运到封锁舰队，从而让舰队官兵在整个夏季和秋季都保持健康。海军军医詹姆斯·林德惊讶地发现：

基伯龙湾海战有助于巩固英国作为世界主要海军强国的地位。用一位海军历史学家的话说，此战也是“风帆时代最引人注目的海战”。

理查德·赖特的绘画《基伯龙湾海战：次日》（1760 年），用比喻手法象征性表现了法国在北美军事野心的破灭。

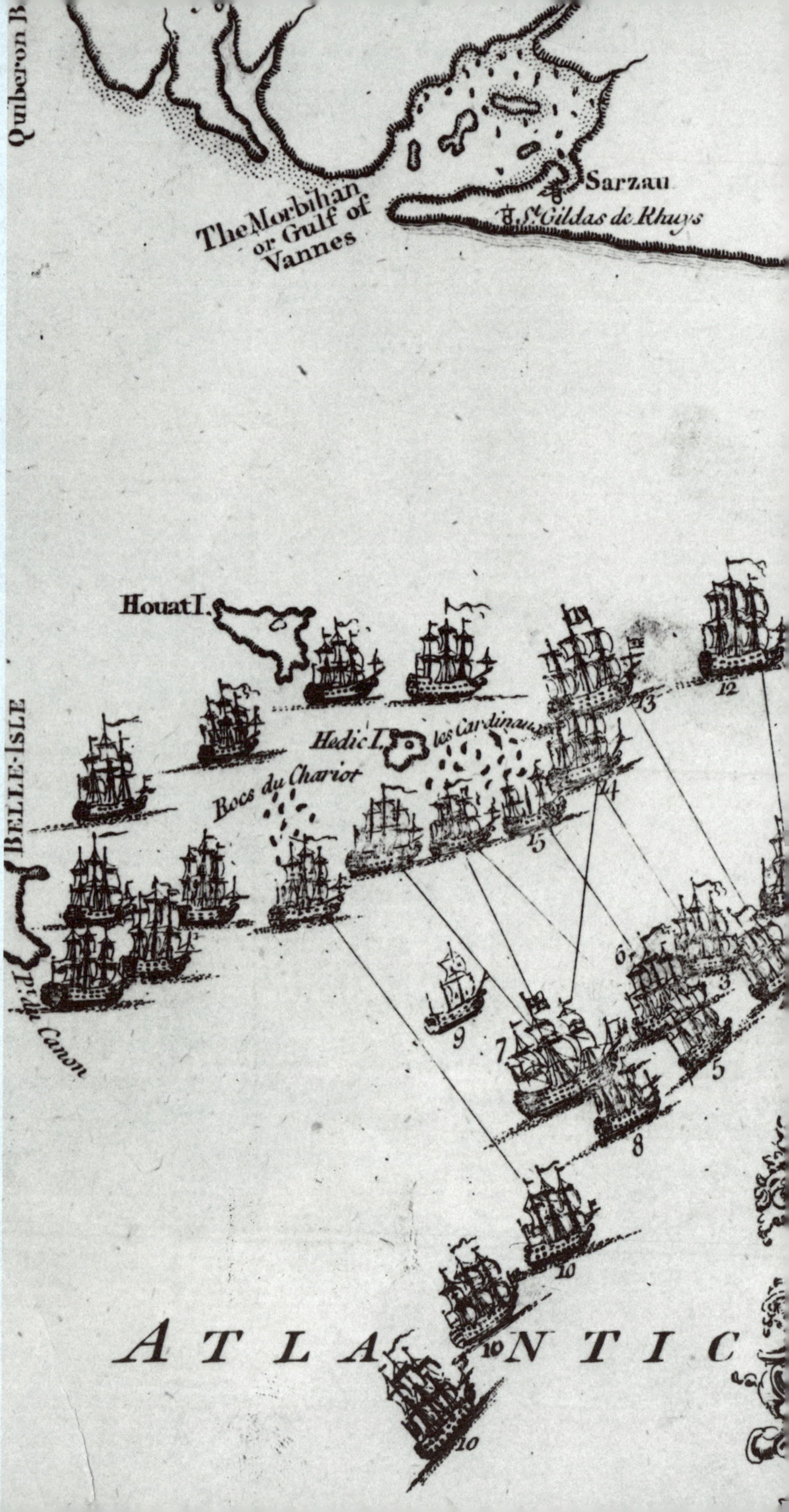

基伯龙湾海战的作战示意图。

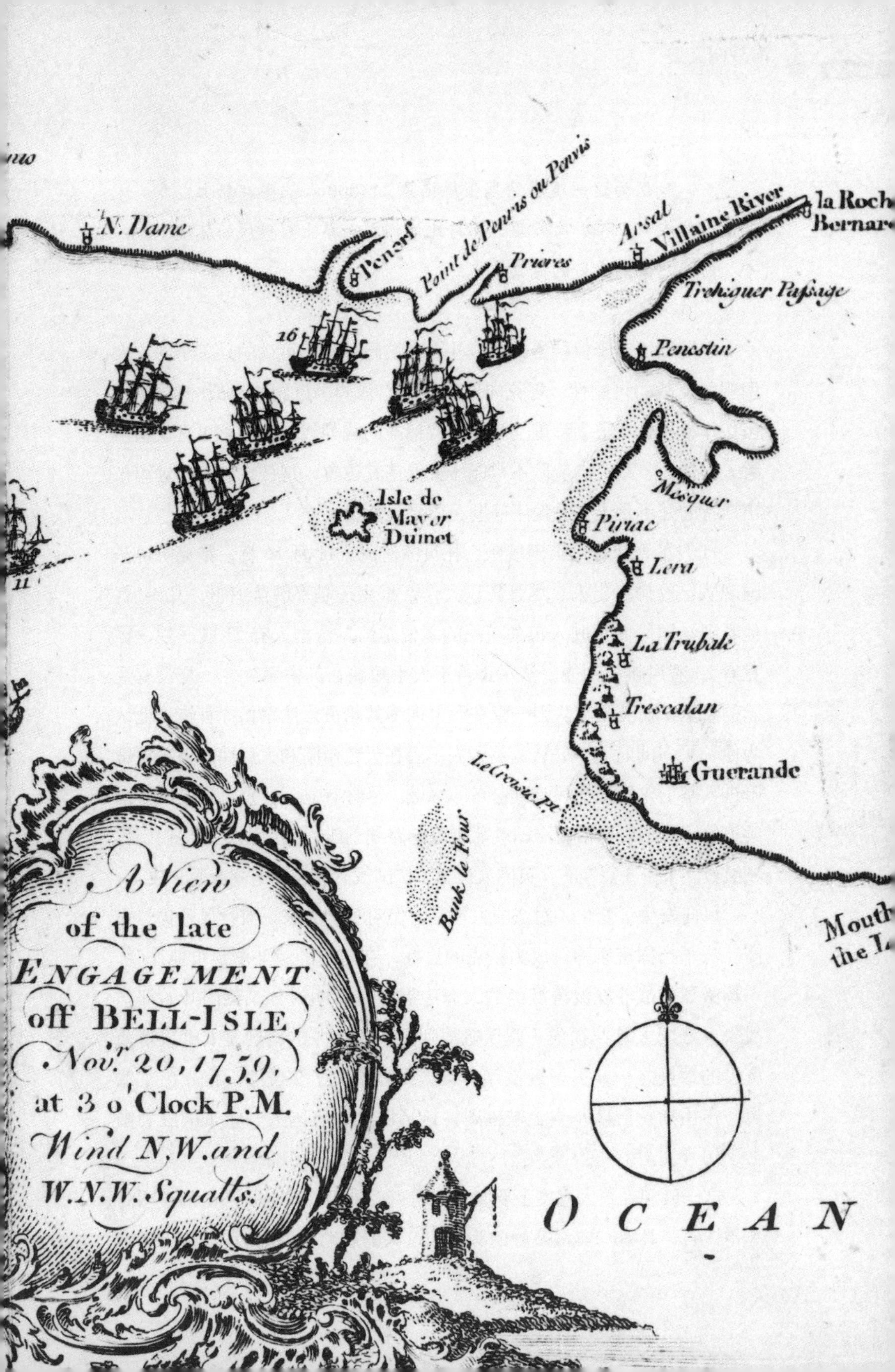

N. Dame
Penerf
Pont de Penris ou Penris
Prieres
Arsal
Villaine River
la Roch
Bernar
Trehiguer Passage
Penestin
16
Isle de
Mayor
Dumet
11
Mesquer
Piriac
Lera
La Trubale
Trescalan
Guerande
Le Croisic Pt.
Bank le Four
Mouth
the L
A View
of the late
ENGAGEMENT
off BELL-ISLE,
Novr. 20, 1759,
at 3 o'Clock P.M.
Wind N.W. and
W.N.W. Squalls.
OCEAN

> 我认为这一观察结果值得记录，14000人被困在船上，竟然能在六七个月时间里，保持比他们在世界上最健康的环境中所能想象到更好的健康状态。

定期训练对于保持士兵的战斗力和忙碌是必不可少的。鉴于两支大型舰队交战的可能性，霍克向他的船长们强调了近距离交战的重要性。虽然作战指令在很大程度上强调保持标准的战列线，但霍克更喜欢追击敌人。然而，霍克的舰队不可能一直保持其位置，迫使他们多次远离布雷斯特的并不是士兵的健康问题，而是天气状况。

11 月的西风导致英国舰队在托贝湾避风。11 月 16 日，霍克听说法国舰队已经偷偷出港。尽管狂风大作，霍克还是率舰队追击，几天后，他看到法国舰队正驶入布列塔尼的基伯龙湾。法国人有 21 艘军舰，霍克有 23 艘风帆战列舰。法军正苦于人手短缺，其中三分之一是没有经验的海员，而英国舰队则一直在海上训练其船员。法军指挥官错误地认为他有更多的时间，并认为英国人不会在天色渐暗和大风肆虐情况下冒险进入基伯龙湾未知和暗礁遍布的水域。尽管有危险，霍克还是决心继续追击，英国舰队沿着法国舰队走过的路线前进，实际上是把他们当作领航员。下午 3 点左右，英国人追上了法国舰队，霍克下令全面开战。

风向发生了变化，对法国人不利，但对英国人来说航行风险仍然很高。法军指挥官康弗兰成为霍克的目标，在随后的战斗中他没能逃脱。一场激烈的战斗在波涛汹涌的大海中展开，黎明时分，英国开始评估战果。法国人总共损失 7 艘风帆战列舰，康弗兰的旗舰是 6 艘失事或沉没的战舰之一，另一艘被俘。英国人只损失了 2 艘船，但救出了船员。布雷斯特舰队基本上被摧毁，这场胜利为英国人一年来的胜利画上了句号。

这一胜利在很大程度上要归功于霍克，外界评价他是杰出的英国海军指挥官，具有“非常冷静的头脑和过人的胆略”。霍克在报告中提到两艘船的损失，并评论道：

> 行动当天狂风大作，敌人飞速航行，白天短暂，在我们所处的沿海水域，我可以直截了当地断言，我们已经竭尽所能。至于我们所遭受的损失，需要考虑到当时我必须冒着一切风险来打败强大的敌人，所以这些损失是必要的。

尽管天气条件恶劣，航行风险很大，但霍克依然非常果断，勇往直前。这场巨大胜利使法国舰队丧失了战斗力。法国海军士气低落，“卓越”号的比戈舰长写道：“我并不了解所有的情况，但我知道很多。20日发生的战斗消灭了海军，并终结了它的计划。”

基伯龙湾海战中海军上将霍克的旗舰“皇家乔治”号纪念奖章，描绘了该舰在装载新补给物资和武器时进水并意外沉没后的那一年。

弗兰伯勒角海战
Battle of Flamborough Head

1779 年

约翰·保罗·琼斯。这位出生于苏格兰的海军指挥官由于其在战争中的大胆行为，经常被称为“美国海军之父”。在他的家乡美国，他鲜明、强悍的个性既为他赢得了朋友，也招来了敌人。美国独立战争结束后，由于无法获得正式指挥权，他加入俄罗斯帝国海军，成为海军少将。

约翰·保罗·琼斯作为美国伟大的海军英雄之一享有重要地位，但他最伟大的成就在当时得到的认可相对较少。美国独立战争期间，美国海军的规模和作战范围都非常有限，其海上活动大多涉及私掠船：有权攻击敌方商船的私人船只。私掠是机会主义者的游戏，约翰·保罗·琼斯在很大程度上是机会主义者，而且喜欢单独行动。他的传记作者对他的描述是“坚韧、急躁、自以为是、富有进取心和魅力”。琼斯一心追求财富和社会地位，自从离开出生地苏格兰后，一直从事各种各样有争议的职业，到 1775 年，他利用自己的关系成为新生的美国海军的一名上尉。美国海军几乎没有大型战舰，主要用小型快艇攻击商船，琼斯在这方面非常成功。

法国作为美国的盟友参战后，琼斯于 1777 年率领装备 18 门火炮的单桅帆船“突击者”号从弗吉尼亚出发，前往法国，途中还夺得 2 艘船作为战利品。到达南特后，他在巴黎停留了一段时间，敦促法国人提供更大的船只和更多的援助。1778 年春天，他继续带着单桅帆船“突击者”号起航前往爱尔兰海。在英格兰西北部，一片他早年就很熟悉的地区，他大胆地对海岸发动袭击。在其中一次袭击中，他率军在怀特黑文登陆，并放火烧毁那里的旧堡垒。此战的战利品包括一艘装备 20 门火炮的英国小型护卫舰“德雷克”号。这在英国新闻界引起相当大的轰

“博诺姆·理查德”号。该舰原名为“杜拉斯公爵”号，约翰·保罗·琼斯为纪念他的朋友，美国政治家、外交家和发明家本杰明·富兰克林（他写过一本同名的书），将该船重新命名。

一对被认为是皮尔逊舰长所拥有的手枪，并可能在与“博诺姆·理查德”号的战斗中使用过。

动，惹怒了英国政府。法国人对此感到非常高兴，奖励他一艘更大的船——一艘排水量 900 吨的东印度商船，琼斯将其改名为“博诺姆·理查德”号。

琼斯随后再次出发，率部攻击英国航运船队，从而分散英国海军的注意力，协助英吉利海峡的法国 - 西班牙联合舰队。他的小型舰队并不隶属法国海军，但包括装备 36 门火炮的“联盟”号小型护卫舰、装备 32 门火炮的“帕拉斯”号和装备 12 门炮的“复仇”号，它们均归法国国王所有。琼斯率领他的舰队在英国和爱尔兰周围航行，捕获了许多战利品，并一度试图向爱丁堡港口利斯索要赎金，但恶劣的天气使其不得不离开。9 月 20 日，琼斯的舰队向南行驶，在东海岸附近遇到了一支来自波罗的海的大型船队，由 2 艘英国军舰（分别是装备 20 门火炮的“斯卡伯勒伯爵夫人”号和装备 44 门火炮的“塞拉比斯”号护卫舰）护航。皇家海军先掩护商船分散并逃脱，随后转向琼斯的舰队。

凭借 4 艘船的数量优势，琼斯本应立即占据上风，但吨位小的“复仇”号回避了战斗，而“联盟”号船长皮埃尔·兰迪斯是一个相当古怪的法国人。战斗打得很激烈，“塞拉比斯”号和“博诺姆·理查德”号正面交锋，后者先开火。“博诺姆·理查德”号上的两门 18 磅炮在射击时发生爆炸，与此同时，装备 30 门火炮的“帕拉斯”号俘获了“斯卡伯勒伯爵夫人”号。在“塞拉比斯”号和“博诺姆·理查德”号之间的战斗中，拥有训练有素的船员的英国大船似乎更占上风。“塞拉比斯”号舰长皮尔逊试图超越对手的船头，并试图向甲板上扫射，而琼斯则将他的船头开到“塞拉比斯”号的船尾，试图登上这艘大船。当两艘船近距离开火时，一发炮弹击中了美国国旗，皮尔逊向对面喊道：“你的船中弹了？”他认为美国人即将投降。这引出了美国历史上最著名的一句话，虽然琼斯的船有沉没的危险，但他依旧轻蔑地回答道：“我还没开始战斗！”

双方继续厮杀，一枚手榴弹被扔进“塞拉比斯”号上一个敞开的舱门，爆炸并杀死 20 名水手，导致形势发生逆转。这时，一直在战场上不怎么起眼的“联盟”号驶向“博诺姆·理查德”号，为其提供支援。“塞拉比斯”号舰长皮尔逊见大势已去，便举白旗投降。然而，在混战中，“联盟”号的炮弹意外击中“博诺姆·理查德”号。约翰·保罗·琼斯后来错误指责这位法国船长试图帮助“塞拉比斯”号。琼斯的舰队收获了战利品，但也不得不放弃“博诺姆·理查德”号。琼斯随后带着“塞拉比斯”号凯旋，驶入阿姆斯特丹，在那里受到了热烈欢迎，但在英国驻荷兰大使抗议下，他不得不离开，前往洛里昂。俘虏被移交给法国人，“塞拉比斯”号后来被路易国王获得。

这两艘英国军舰的被俘极大地鼓舞了美国人的士气，并有助于提高约翰·保罗·琼斯在欧洲的知名度。法国人授予他荣誉，他受到大批民众的欢迎。在美国，濒临破产的国会只能对他表示感谢，并让他指挥另一艘船。但当他的船准备出海时，战争几乎已经结束。美国历史学家指出，他是一名出色、技术娴熟的船长，“但经验不足、傲慢自大，无法成为优秀的舰队指挥官”。虽然琼斯在俄国海军服役过一段时间，但他再也没有获得过指挥权。他于 1792 年在巴黎去世。

弗兰伯勒角海战于1779年9月23日发生在约克郡东部沿海。在美国，这场战役被誉为该国最早的海军胜利之一。

切萨皮克湾海战
Battle of Chesapeake Bay

1781 年

历史上，有些海战对交战的任何一方而言均未取得明显或彻底的胜利，但对陆地战役有重大影响，切萨皮克湾海战就是其中的经典战例。在美国争取独立的战争中，其盟友在海战中击退了英国舰队，结果导致英国军队在陆地上的失败。因此，法国海军及其盟友西班牙和荷兰海军为美国的独立做出了重要贡献。

当时，美国人没有自己真正的海军，也没有建造军舰的经验，因为皇家海军更愿意让本国船厂或私人船厂为其建造军舰，以便对建造过程进行严密监督。然而，北美殖民地在建造私掠船方面表现出色，私掠船的速度很快，用于捕获敌方商船。在詹金斯之耳战争和七年战争中，有数百艘私掠船投入战场。但美国人缺乏海军武器装备，而且还有船只的人员配备问题。大多数美国船员只有在商船上的工作经历，虽然他们能很快适应军舰上的生活，但缺乏经验丰富的海军军官来领导他们。因此，法国海军和其他盟友的支持至关重要。

法国对美国人的支持涉及几个方面。他们帮助华盛顿运输部队，增加其部队人数。法国海军在西印度群岛与英国人作战，决心夺回那里的领土，这也有助于让这一地区的英国皇家海军无法脱身。1781 年 3 月，海军上将德·格拉斯率领一支由20艘战列舰、护卫舰、运输船和补给船组成的庞大舰队离开法国前往西印度群岛。与此同时，罗尚博将军率领一支法国远征军在纽波特登陆。

在西印度群岛，格拉斯成功占领了圣卢西亚，然后前往海地集结更多的部队来增援罗尚博。在美国，康沃利斯率领的英军此时正通过卡罗来纳和弗吉尼亚向切萨皮克湾进发，而罗尚博将军则从北方赶来，与乔治·华盛顿领导的大陆军会合。双方都想夺取通往沿海的补给线，因此格拉斯决定前往切萨皮克河口的汉普顿锚地，为法美联军提供支持。

西印度群岛的英国舰队由海军少将塞缪尔·胡德爵士指挥。西印度群岛的飓风季节即将来临，因此罗德尼海军上将派胡德率领10艘风帆战列舰增援北美，并找到格拉斯和他的舰队。胡德试图抢在格拉斯之前到达汉普顿锚地，但发现那里已经空无一人，于是他又率舰队驶向哈德逊河，与其上司托马斯·格雷夫斯少将率领的舰队会合。以格拉斯为首的法国舰队随后抵达汉普顿锚地，增援部队畅通无阻登陆并前往华盛顿的军中。

与此同时，康沃利斯加强了约克城的防御，并期待皇家海军来与他会合。格雷夫斯和胡德发现大陆军正在向弗吉尼亚进

海军上将德·格拉斯，指挥法军在切萨皮克湾海战中取得胜利。

海军少将塞缪尔·胡德爵士。作为皇家海军在切萨皮克湾海战中的副司令，外界批评他在战斗中没有尽力帮助他的上司托马斯·格雷夫斯爵士。

切萨皮克湾海战，1781 年 9 月 5 日。这是皇家海军在海上的一次失利，但在陆地上，后果却非常严重。同时代的一份报纸评论道："9 月 5 日的战斗，可以说是决定了美国的命运。"

V. ZVE

发，于是从哈德逊河出发，支援约克城的英军。他们担心位于罗得岛附近由海军少将巴拉斯·德·圣罗兰伯爵指挥的法国舰队，会在切萨皮克与格拉斯会合。

当英国舰队到达时，他们占了上风，因为法国人并没有料到他们会来。当法军瞭望哨发现英国人的船帆，并通报至少有 20 艘战舰时，格拉斯急忙命令舰队从狭窄的海峡中开进海湾。就在这时，格雷夫斯犯了一个战术错误，他眼睁睁地让法国舰船驶出海峡并排成一条战列线，而不是逐一发起攻击。对于这种情况，英国海军部的作战指令过于死板，英国舰队各舰之间的通信也很混乱。虽然英军在上午 10 点到达时具备所有的突击优势，但直到下午 4 点战斗才真正开始，法国人进行了顽强抵抗。在这场战斗中，需要发挥主动性和战术上的灵活性，而胡德在这方面的表现并不突出，大部分战斗都由格雷夫斯指挥。最终，法军伤亡 220 人，英军伤亡 336 人，而且英国舰船的损坏程度不成比例。法军只有 2 艘舰船遭受严重损坏，而英军有 5 艘舰船受损严重，还不得不放弃其中 1 艘。

切萨皮克湾海战和约克城围攻战的法军地图。

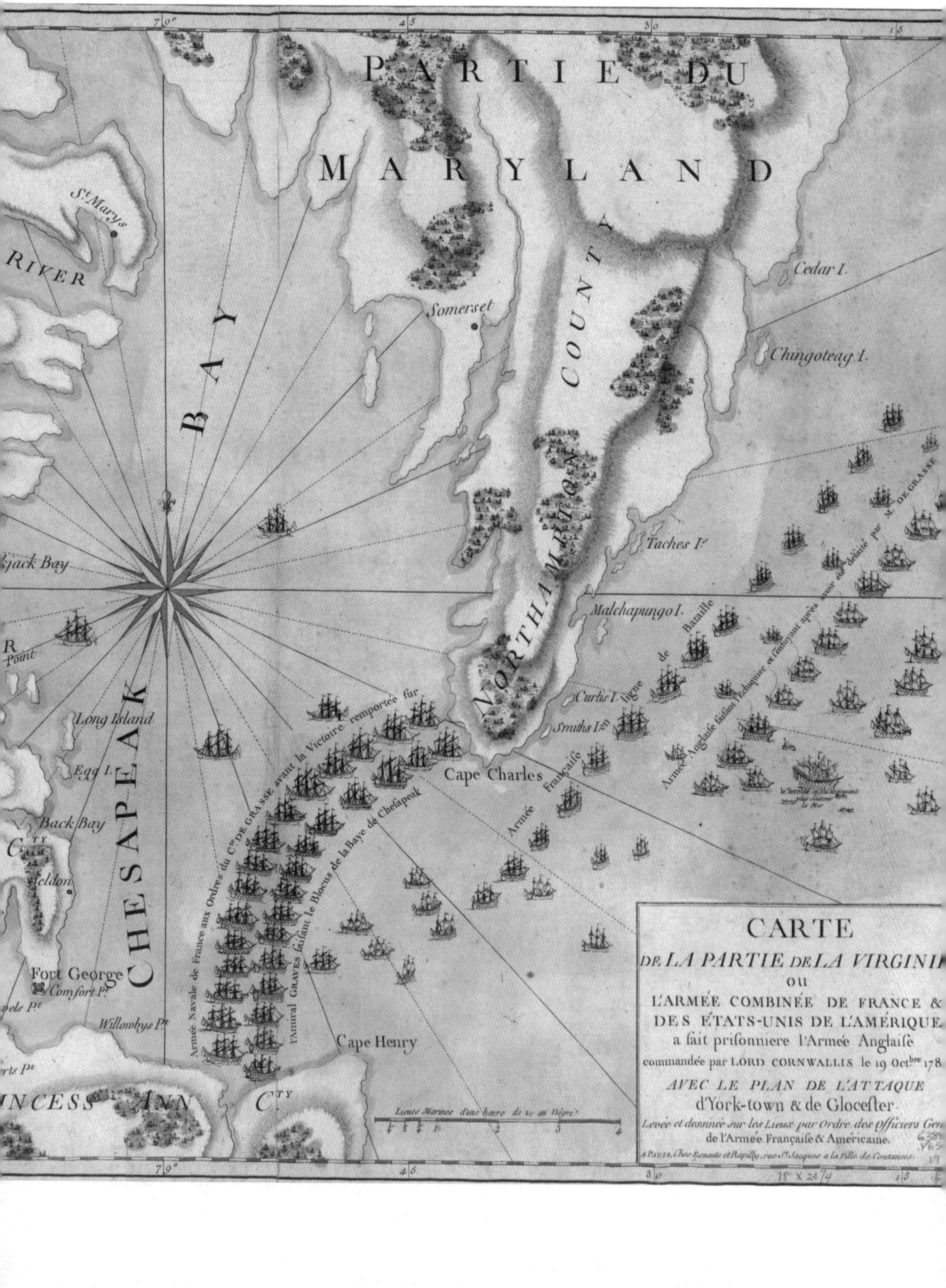
PARTIE DU
MARYLAND
COUNTY
NORTHAMPTON
St. Marys
RIVER
Somerset
Cedar I.
Chingoteag I.
BAY
CHESAPEAK
Taches I.
Malchapungo I.
Curlis I.
Smiths I.
Cape Charles
Cape Henry
Long Island
Egg I.
Back Bay
Fort George
Comfort P.
Willowbys P.
Armée Navale de France aux Ordres du Cte. DE GRASSE avant la Victoire remportée sur
l'Amiral GRAVES faisant le Blocus de la Baye de Chesapeak
Armée Françaïse
ligne de Bataille
Armée Anglaise faisant l'Echiquier et s'enfuyant après avoir été défaite par M. DE GRASSE
le Terrible
Lieues Marines d'une heure de 20 au Degré
CARTE
DE LA PARTIE DE LA VIRGINI
ou
L'ARMÉE COMBINÉE DE FRANCE &
DES ÉTATS-UNIS DE L'AMÉRIQUE
a fait prisonniere l'Armée Anglaise
commandée par LORD CORNWALLIS le 19 Octbre 178
AVEC LE PLAN DE L'ATTAQUE
d'York-town & de Glocester.
Levée et dessinée sur les Lieux par Ordre des Officiers Gen
de l'Armée Françaïse & Américaine.

康沃利斯在约克城投降。如果皇家海军赢得切萨皮克湾海战，乔治·华盛顿很可能将无法继续进行美国独立战争。

这是一场混乱的遭遇战，法国人得以返回切萨皮克，而格雷夫斯和胡德则带领舰队回到纽约进行修理。巴拉斯率舰队载着法军的攻城车也安全抵达切萨皮克，因此格拉斯现在有 36 艘战舰。在控制了海岸线后，华盛顿和罗尚博把目光对准了约克城，康沃利斯于 10 月 19 日在该地投降。在切萨皮克湾战役中，法国海军对英国海军的胜利导致了约克城的陷落，使美国免于经济崩溃。在皇家海军内部，发生了相互指责，胡德将其指挥的战舰未能与敌人近距离交战的原因归咎于格雷夫斯糟糕的信号通信，而格雷夫斯则承担了全部责任。罗德尼上将指责所有的人，并谎称他已预见这一结局。

桑特海峡海战

Battle of the Saintes

1782 年

海军上将罗德尼，桑特海峡海战的胜利者。在这场战役之前，他本来即将被召回英国，回答有关财政管理不善的指控，但他成功地保卫了牙买加免受法国侵略，这改变了一切，英国人将他视为民族英雄。

在非决定性的切萨皮克湾海战导致约克城失守 1 年后，法国海军上将德·格拉斯和英国海军上将罗德尼在另一场更具决定性的战斗中相遇。这一次是在西印度群岛，双方将领包括参加过切萨皮克湾海战的所有高级军官。格拉斯、巴拉斯、格雷夫斯和胡德在 1781 年 11 月回到他们各自的岗位。

胡德在之前的战斗中被认为应对不力，但他在圣基茨之战中以巧妙的战术和过硬的航海技术将功补过。法国海军协助陆战部队登陆，占领了圣基茨。1 月 25 日，胡德试图营救陷入包围的英国驻军，他先引诱格拉斯的舰队离开其锚地，然后率舰队迅速而悄无声息地航行至其身后，在靠近海岸的地方停泊，从而将法国舰队阻隔在外。然而，胡德的陆战部队很少，他的救援对于岸上的英军而言属于杯水车薪，而且他的舰队只有22艘船，在面对拥有30艘船的法国舰队时，处于劣势。当岛上的英军战败后，胡德舰队的处境岌岌可危，被法国人在陆地和海上夹击。然而，在晚上11点，通过预先安排和精心协调的行动，每艘英国军舰都砍断锚链，悄悄驶出海湾，第二天早上，法国人只看到空荡荡的海湾。

法国人继续实施其领土扩张计划，牙买加是关键目标，因为占领这座富饶的岛屿将在经济和战略上打击英国。格拉斯的舰队拥有34艘风帆战列舰，4月8日，他们为一支运输船队护航，

“巴黎之城”号。法国在桑特海峡海战中的旗舰，它的桅杆和船舵在战斗中被摧毁，随后被皇家海军俘获。经过修理和改装后，“巴黎之城”号于1782年9月在驶回英国途中被飓风摧毁。

桑特海峡海战。此战的胜利是美国独立战争期间英国对法国取得的最重大胜利。

从马提尼克岛的法国海军基地皇家堡出发，运送 10000 名士兵。格拉斯的计划是与西班牙人会合，一起进攻牙买加。然而，事与愿违，罗德尼和塞缪尔·胡德率领一支由 36 艘风帆战列舰组成的英国舰队从圣卢西亚出发，追击法国舰队，挫败了格拉斯的计划。随后，双方在多米尼加岛和瓜德罗普岛之间的海面上交战，这场战斗被称为桑特海峡海战。

1782 年 4 月 12 日清晨，两支舰队相距仅四五里格（22.2 公里至 27.7 公里）。上午 8 点，泰勒·彭尼担任舰长的“马尔伯勒”号率先开火，此时，两支舰队均排成战列线，法国舰队向南航行，英国舰队向北航行，同时相互开火。当天的风向多变且风力较小，给双方的战术执行造成困难。然而，通过收起顶帆来放慢速度，使得格拉斯的旗舰“巴黎

之城”号和罗德尼的旗舰“可畏”号之间能够进行长时间交火，后者位于战列线的中央。炮击产生了大量烟雾，导致能见度很低，因为微风不足以吹散烟雾。

到了上午 9 点，风向的变化导致法国舰队难以保持其航向，发生了一系列碰撞，英国人从中受益。“格洛里厄”号的桅杆被来自“加拿大”号的炮弹摧毁，沉重的桅杆倒在船舷上，导致该船的侧舷炮孔

皇家海军突破法国舰队战列线。对于这一战术究竟是罗德尼上将的妙招，还是一场带来惊喜的意外，众说纷纭。

翻入海中。罗德尼的旗舰随后突破法军战列线，使其能够向 4 艘法国战舰倾泻火力。紧随其后的是“纳穆尔”号、“圣奥尔本斯”号、“加拿大”号、“反击”号和“阿贾克斯”号。阿弗莱克准将的“贝德福德”号也造成同样的分割效果，第三次突破法军的战列线。有人认为，这种对战列线的突破是一种非常重要的战术，后来的英国海军名将纳尔逊使用此战术取得了辉煌的战绩。但是，这并非英国舰队有意为之，而是由于风的作用，但最终也不是特别成功。罗德尼的目的是全歼法国舰队，但当格拉斯的旗舰被英军切断后路时，法国舰队的大部分舰船得以逃脱。

到上午 9 点 30 分，法国舰队分成多个无组织的分队，伤亡惨重，尤其是运送大量登陆部队的运输船。英军舰船“巴弗勒尔”号的航海日志摘要显示了微风造成的缓慢的动作效应：

> ……10 点 45 分，“巴弗勒尔”号停止射击，敌人的最后几艘船经过它旁边。微风趋于平静。从船上吊出两艘小艇，将船艏拖向敌人。当烟雾散尽时，我们看到敌人的舰队正沉没，而我方舰队则向它们靠近。将船头朝向敌舰。我们重新安装了索具，并修复了所有能修复的风帆。

当天下午，罗德尼集结舰队再次发动进攻。刚开始时，他命令舰队保持成一条战列线，但后来让他们放开手脚，命令“各船指挥官按照自己的最佳判断来骚扰敌人”。到下午 3 点左右，英国人夺取了许多战利品，其中最大的战利品是法军旗舰，装备 110 门火炮的“巴黎之城”号。一周后，更多的法国船只被俘。罗德尼的舰队总共俘获 7 艘风帆战列舰。罗德尼对俘获“热心”号感到特别高兴，因为上面载有法国为攻打牙买加而专门设计的攻城车。罗德尼的胜利扭转了战争形势，但他的副手塞缪尔·胡德随后批评他没有乘胜追击。

5 月 18 日，当胜利的消息传到伦敦时，举国欢庆，英国各地的城镇都燃起篝火和焰火。罗德尼的形象很快出现在陶杯和茶壶上。对牙买加的拯救尤其值得庆祝，因为失去该岛不仅会对英国造成财政上的打击，还会造成心理上的打击。自约克城陷落以来，英国在军事上遭遇一连串失败，桑特海峡海战的胜利让英国人民感到欢欣鼓舞，英国得以在欧洲列强中重新恢复其受损的海军声誉。此外，这场胜利还使英国在后来的全面和平谈判中处于有利地位。

纪念桑特海峡海战的徽章。

“光荣的 6 月 1 日”海战
Battle of the Glorious First of June

1794 年

法国大革命初期，粮食收成出现严重问题，法国部分地区几乎处于饥荒状态，因此执政当局不得不从美国进口大量的粮食。1794 年，一支由 117 艘大型运输船组成的船队从切萨皮克湾出发，船上载着殖民地货物和重要的粮食，海军少将范斯塔贝尔率领一支小型舰队进行护航。法国本土舰队处于警戒状态，以便在护航舰队到来时提供掩护。事实上，雅各宾政府在海军少将路易・托马斯・维拉雷－茹瓦约斯的船上派驻了一名高级代表，旨在确保他对这项任务的忠诚和勤勉。

路易・托马斯・维拉雷－茹瓦约斯。尽管在“光荣的 6 月 1 日”海战中失利，但由于他成功护送重要的运粮船队返回法国，仍被提升为海军中将。

与此同时，豪勋爵也率领一支英国舰队出海，为一支开往国外的船队提供掩护。当他们到达利泽德岛时，豪勋爵派遣海军少将蒙塔古为英国船队提供保护，直到他们抵达菲尼斯特雷角，同时还派遣彼得·雷尼尔舰长带领一支小型舰队保护船队驶向大西洋更深处。豪现在只有26艘风帆战列舰，7艘护卫舰，1艘医院船和2艘火攻船，在数量上与维拉雷率领的法国舰队不相上下。维拉雷接到的命令是避免与英国人交战，除非这支肩负重要使命的护航舰队面临无法抵达目的地的风险。

海军上将理查德·豪。

由于大雾天气，双方舰队实际上在5月17日就已相遇，彼此直到5月28日才完全看到对方。随后发生了一场短暂的小规模冲突，少数英国船只袭击了法国舰队的后方，法军损失400人。次日，两支舰队仍然在彼此的视线范围内，英军努力抢占法军一侧有利的迎风面。自美国独立战争以来，海军战术和信号通信均得到了发展。豪信奉中央集权式指挥体系，对舰长的主动权予以限制，还重新编写了信号手册和作战指令。即将到来的战斗让他有机会检验他的新信号和新战术。几年后，海军上将圣文森特伯爵在描述这场战役时写道："5月29日，豪勋爵提议通过穿过敌人的战列线来切断敌人的后方，但由于信号指令的错误或下属未能遵从，这一策略失败；从中获得的唯一优势是上风位置。"

庆祝这场战役并印有理查德·豪肖像的纪念章。

皇家海军舰艇在交战中所使用旗帜的一览表。

豪以护卫舰发出的信息作为信号的补充，但他的舰长们并没有完全理解他的战术。然而，在获得有利位置后，豪开始考虑下一步战术，以便对付在前方保持战列线队形的法国舰队。早上 7 点 25 分，豪命令舰队发起攻击，他在其旗舰“夏洛特女王”号上指挥这场战斗，圣文森特伯爵后来描述了作战过程：

> 他将舰队一字排开、齐头并进，几乎与敌军的战列线成直角，直到舰队的每艘船都航行至对手的对角方位，然后按一定角度转向以保持该方位，直到到达艉舷上风位置，并接近敌方的中心船，这时"夏洛特女王"号改变航线，直角穿过敌方的战线，在穿越过程中对敌舰进行扫射，然后转舵逆风航行，在背风面与敌交战。

主要的交战于上午 9 点 24 分开始，英军火炮的射速更快，取得了很好的作战效果。然而，并非所有英军舰船都能成功穿过对方的战列线，而是被迫在迎风面作战。激烈的战斗结束时，法军 1 艘军舰被击沉，另有 6 艘被俘。截至下午 6 点 15 分，维拉雷已将舰队中幸存的舰船撤回。

由于英国军舰的索具和桅杆在战斗中严重受损，豪没有能力全歼法国舰队，所以他们只得返回英国，一路上艰难行进，最终于 6 月 13 日到达斯皮特黑德。英国舰队有 290 人死亡，858 人受伤。法国人遭受巨大损失：4200 人死伤，3300 人被俘。这是自 1692 年以来法国海军遭受的最惨重损失。科林伍德后来钦佩地形容法国人在战斗中表现"异常凶猛"。尽管如此，法国海军完成了他们的目标，拯救了运输船队，这在法国是一件值得庆祝的事情。而英国人则将这场胜利视为战争早期的一次重大胜利，也大肆庆祝。此战被描述为 18 世纪最后一场传统的舰船交战，但它却产生了在未来几年中不断得到完善的新战术。这场海战还有一个不寻常的名字，因为大多数海战都是以最近的一块陆地命名的，而这场战役是以主要作战行动发生的日期命名，因为它是在大西洋深处进行的。

“光荣的6月1日”海战。这是法国革命战争期间英法之间第一次也是最大的一次海战。

圣文森特角海战

Battle of Cape St Vincent

1797 年

圣文森特角海战并不以俘获大量舰船（仅俘获 4 艘）而闻名，在某些方面可能被认为不如许多其他海战重要。然而，这场海战发生之时，正值英国迫切需要一场胜利。地中海舰队司令、海军上将约翰·杰维斯爵士凭借此战获得大量荣誉。英国国王授予他米福德（出生地）的杰维斯男爵和圣文森特伯爵的头衔、每年 3000 英镑的终身养老金、一把剑和一枚金质奖章。海军军官霍雷肖·纳尔逊也在这场海战中崭露头角，即使他在战斗当天的表现充满争议。

海军上将约翰·杰维斯，他在圣文森特角海战中克服重重困难，取得了胜利。他是一位严厉的上司，但他依然深受部下爱戴，他们称他为“老杰维”（不是当面称呼）。

在英国处于低谷的时候，这场海战的胜利极大地鼓舞了士气。自1793年以来，英国与法国的战争一直在进行，西印度群岛的战事进展不顺利，死于疾病的人数不断增加。西班牙与法国结盟，并于1796年向英国宣战。法国制订了入侵计划，此时，地中海的许多港口对英国人关闭。1797年2月22日，1500名士兵在威尔士菲什加德附近从3艘法国护卫舰上登陆。虽然对威尔士的入侵在一枪未发的情况下就已失败，但对英国公众造成了严重影响，导致银行发生挤兑。这差点引发一场严重的金融危机，而英国此时正急需资金来进行对法战争。

杰维斯是一位大律师之子，他并未子承父业进入法律界，而是在14岁时离家出走加入海军。杰维斯在军中稳步晋升，1778年，桑威奇勋爵评价他是"一位优秀的军官，但难以控制、十分忙碌"。1796年，法国和西班牙的联合舰队从土伦出发时，他正担任地中海舰队司令。法国舰队前往洛里昂，而西班牙舰队则需要进行整修，并在卡塔赫纳停靠。西班牙舰队的任务是护送4艘运载水银的船只，水银是西班牙美洲银矿的必需品，该舰队于1797年2月1日起航，驶向加的斯。这支西班牙舰队人手不足，物资匮乏，官兵缺乏经验。而英国舰队的状况要好得多，他们有15艘战舰，由一位受人尊敬的海军司令指挥。纳尔逊对杰维斯及其领导才能有很高的评价，他在1796年写道："国人不知道这支舰队能够完成什么任务；任何任务……在我见过的所有舰队中，我从未见过哪个舰队的官兵像约翰·杰维斯爵士手下的官兵一样，他是一位能够带领部下走向辉煌胜利的指挥官。"

纳尔逊的话反映了这支舰队的作战效率和高昂的士气。杰维斯的旗舰是装备100门火炮的"胜利"号。他得知西班牙舰队的消息时，他们正在西班牙海岸附近巡航。大雾弥漫，西班牙舰队从浓雾中赫然出现，英军一名瞭望员惊呼："以我的灵魂起誓，他们简直是群庞然大物！"他说的没错。在这支西班牙舰队中，有一艘名为"圣特立尼达"号的顶级风帆战列舰，它拥有四层甲板，可能是当时世界上最大的战舰，还有3艘战舰均装备100多门火炮。

艺术家罗伯特·克莱维利在 1801 年所想象的圣文森特角海战。

最后统计发现，对方战舰数量多达27艘，几乎是英国舰队的两倍，杰维斯惊呼："大局已定，如果有50艘船，我可以击败它们！"尽管困难重重，英国舰队还是积极做好战斗准备，清理火炮甲板，并排成数条战列线。海军准将霍雷肖·纳尔逊指挥装备74门火炮的"上校"号殿后。

西班牙人也做好了准备，并试图排列成传统的战列线阵形。他们的舰队分为两部分，18艘战舰和1艘运输船在迎风处，另外5艘战舰为其余4艘运输船在背风处护航。杰维斯看到西班牙舰队内部有缺口，就穿插过去，然后转身从后方进攻。西班牙人进行了反击，杰维斯向位于后方的查尔斯·汤普森爵士率领的分舰队（其中包括纳尔逊所在的"上校"号）发出信号，命令他占据合适的位置并尽快投入战斗。由于英国海军的信号不够精确，杰维斯无法准确阐明他的意图，位于最后方的数艘战舰没有回应。但纳尔逊注意到冲在前面的几艘西班牙战舰似乎准备攻击英军的后方。在没有收到直接命令的情况下，纳尔逊命令"上校"号迅速脱离队列，驶

“圣特立尼达”号的复制品。它是当时世界上最重装的战舰，也是为数不多的拥有四层甲板的战舰之一。

同一时期描述圣文森特角海战的作战示意图。

向迅速缩小的缺口，从而将“上校”号及其船员置于极度危险之中。杰维斯很快就注意到这一情况，随即派出两艘船跟随纳尔逊的“上校”号。

准备攻击英国舰队后方的这几艘西班牙战舰放弃进攻，向西北方向前进，西班牙舰队的战列线随着他们的前进而瓦解。到下午2点，战斗达到高潮，英国战舰追上西班牙战舰并与其交火。纳尔逊的第一次攻击造成浓密的烟雾，以至于西班牙战舰需要冒着击中己方船只的风险进行

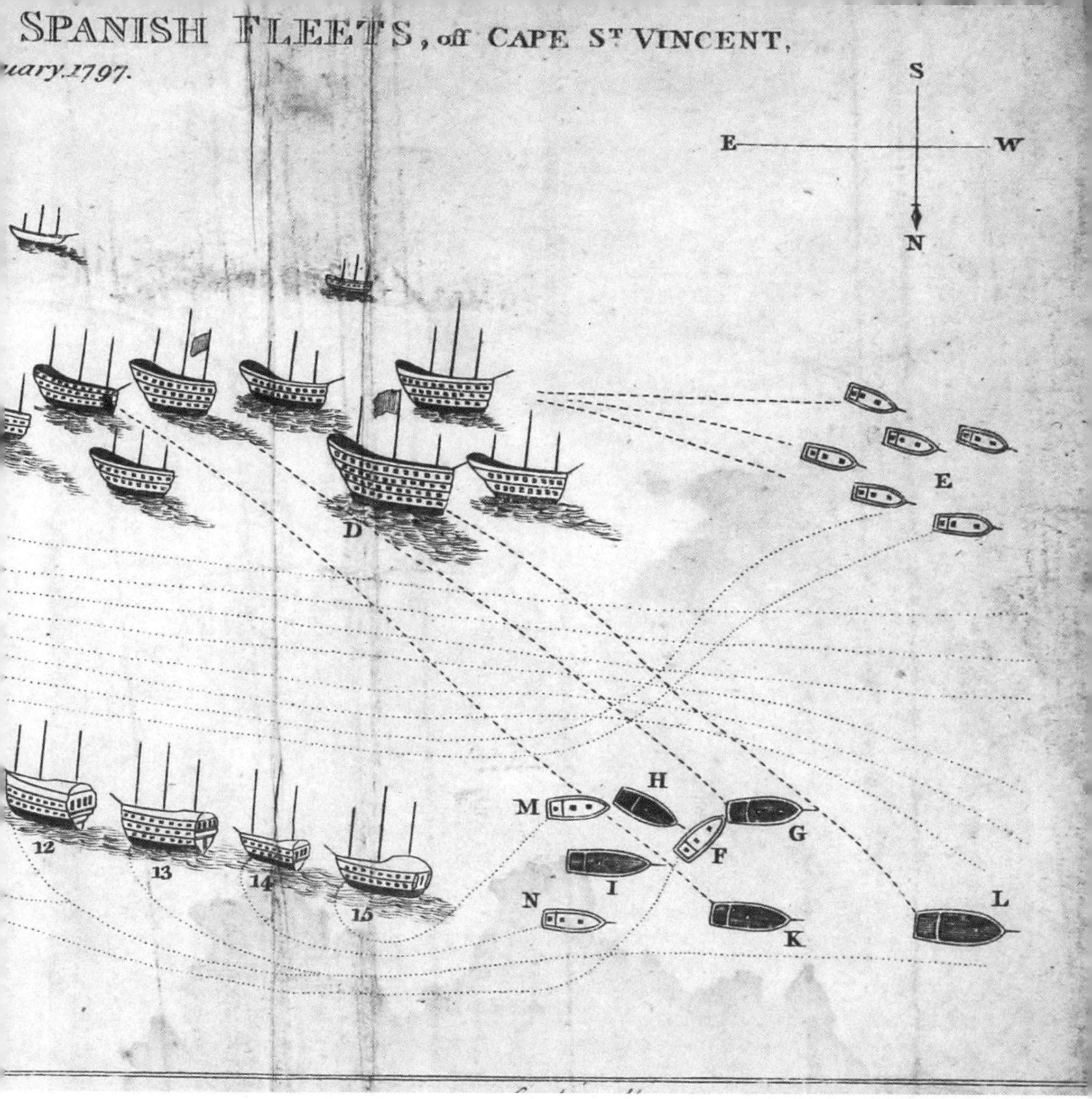

还击。两艘严重受损的战舰，“圣尼古拉斯”号和“圣约瑟夫”号相撞。纳尔逊的战舰随后也失去作战能力，他做出一个罕见的决定，不仅下令登上“圣尼古拉斯”号，还亲自率领登船队。纳尔逊和他的部下占领了“圣尼古拉斯”号和“圣约瑟夫”号，其他人则俘获了“萨尔瓦多·德尔·蒙多”号和“圣伊西德罗”号。

下午4点30分左右，杰维斯发出停止战斗的信号。西班牙人此时已损失4艘船，另有4艘受损严重，他们不可能再继续战斗，所以决定

1797年2月14日，纳尔逊接受“圣尼古拉斯”号的投降。此画由理查德·韦斯特尔创作于1806年，即圣文森特角海战9年之后，也是纳尔逊在特拉法尔加海战中战死的第二年，当时对这位已故英勇的海军上将的崇拜正处于高潮。

驶离战场。西班牙舰队旗舰“圣特立尼达”号已被击毁，舰队司令科尔多瓦上将转移至一艘护卫舰。几艘英国舰船试图夺取“圣特立尼达”号，该舰有四层甲板，本来是个绝佳的战利品，但它被另一艘西班牙舰船拖走。尽管如此，杰维斯取得了彻底胜利，从数量上占很大优势的敌人手中俘获 4 艘船。英国舰队带着战利品，于 2 月 16 日首先前往拉各斯进行紧急维修，然后前往里斯本，并于 2 月 24 日抵达这座城市。英国舰队有 73 人战死，其中 24 人是纳尔逊的船员。

3 月 3 日，胜利的喜讯传到伦敦，英国民众如释重负，欢呼雀跃。对他们而言，在经历了前几个月的坏消息以及对法军入侵的普遍恐惧之后，在海上战胜西班牙人是一件值得庆祝的事情。纳尔逊注定会名垂史册，他亲自带队登船杀敌这一个人英雄主义行为尤其引发了公众的热情崇拜，不过他的部分同僚对这种追逐私利的行为心存不满。这场海战的结果是，纳尔逊被授予爵士头衔，西班牙舰队不再敢轻易出海。

坎珀当海战

Battle of Camperdown

1797 年

1793 年，法国征服了荷兰联合省，将其改名为巴达维亚共和国(Batavian Republic)，还控制了荷兰舰队。对于法国入侵的任何迹象，英国人都非常警惕，海军上将邓肯的任务是封锁泰瑟尔岛的荷兰舰队。但在 1797 年 3 月，斯皮特黑德发生了海军哗变，5 月 12 日，诺尔也发生了一次。这使得邓肯只能用两艘船来维持封锁的假象。兵变解决后，留下一个人心涣散的指挥系统，许多军官担心自身安全。

10 月，邓肯上将率舰队进驻雅茅斯，改装他的旗舰并采购物资。在此期间，他发现由海军中将德温特指挥的荷兰舰队正在海上。德温特接到的命令是与敌人交战，并尽可能将其引向荷兰海岸线。当荷兰舰队途经坎珀当村附近海域驶回港口时，被邓肯的舰队发现。英军的舰船更大，虽然这片水域很浅——荷兰人很清楚这一点——但邓肯依然决定进攻。双方势均力敌，各有 16 艘战列舰，这些战舰上装备的火炮数量从 74 门、64 门至 50 门不等。

10 月 11 日上午 9 点，特罗洛普舰长的分舰队发现了荷兰舰队，并向邓肯发出信号，邓肯立即发出全面追击的信号。荷兰舰队在英国舰队和海岸浅滩之间排成一条战列线。后来，邓肯对最初的战斗描述如下：

我发现没有时间可以浪费，必须立即进攻。我发出信号，命令全军打起精神，突破敌军战线，在背风处与他们交战，每艘船锁定一个对手，我的船处于敌人和陆地之间，敌人正在快速接近。

邓肯的信号与豪的信号相似，但与豪的舰队一样，他的舰队中只有部分舰船能够完全理解他的信号。当时海军信号通信的发展还处于早期阶段，部分舰船使用的信号手册已经过时。邓肯带领他的两支分队进

坎珀当海战的作战示意图，清晰地显示出皇家海军的三个独立分队攻击荷兰舰队排成的战列线。

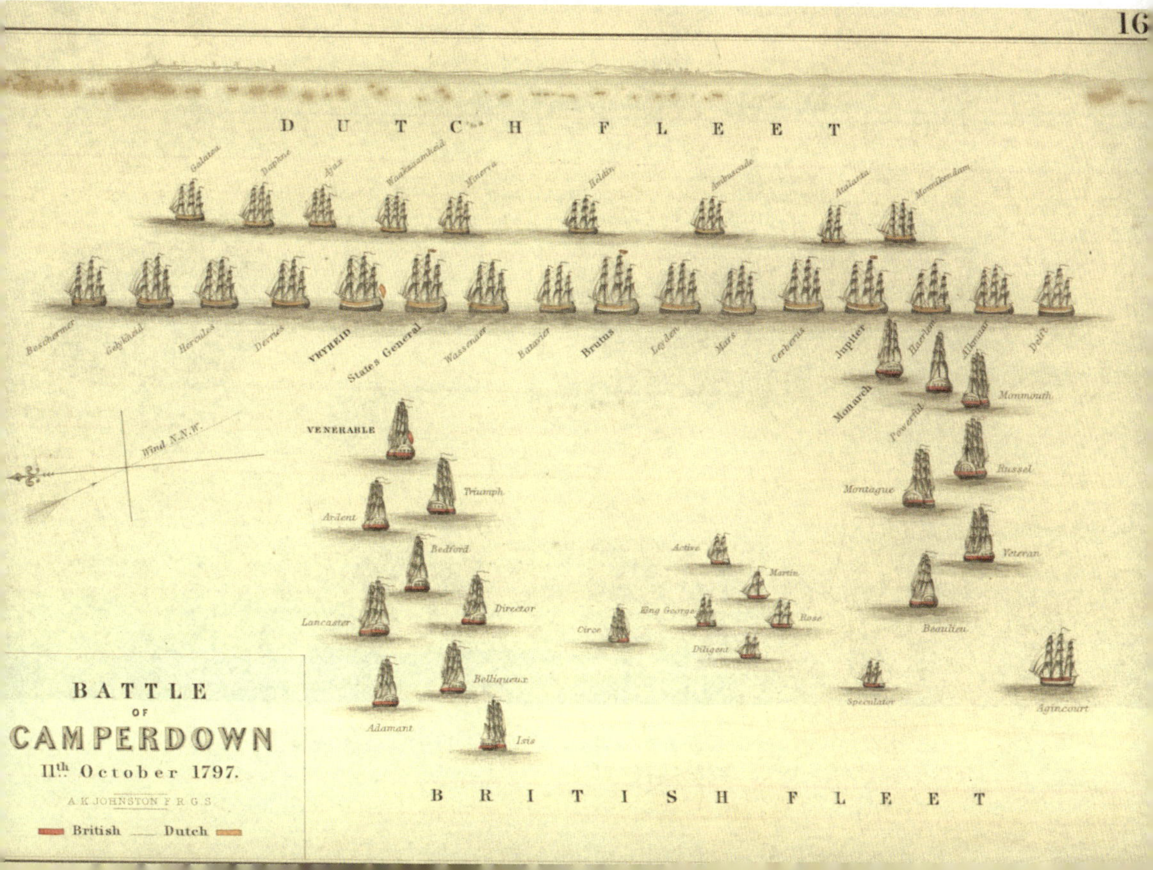

坎珀当海战。双方的伤亡都非常大，因为英国海军和荷兰海军都将火炮对准对方的船体，而不是按照以往海战的惯例瞄准桅杆和索具。

攻荷兰舰队的后队，另一支分队则冲击其战线中心，穿插后再从另一侧发起攻击。战斗于中午 12 点 30 分左右开始，经过两个半小时的激战，邓肯带领他的分队驶向中央，即荷兰舰队司令所在的位置。邓肯注意到，虽然德温特的旗舰“自由”号“极其顽强地抵抗了一段时间……但由于寡不敌众，连船上的旗帜也被炮火击中”。

德温特被带至邓肯的旗舰“尊者”号。按照惯例，德温特向邓肯呈上他的佩剑，邓肯拒绝了，他说：“我更愿意握住勇士的手，而不是握住他的剑。”德温特后来对邓肯说：“你不等舰队排好队形就发起进攻，让我军猝不及防，全军覆没。如果你们在我军更靠近海岸时发起进攻，我就可以让两支舰队驶向海岸，这意味着我将取得胜利，因为这是我国的海岸。”

此后不久，另一位荷兰海军中将也降下他的旗帜。现在是结束战斗的时候了，但英军的大型战舰正在接近海岸，而且是在浅水区，海风把它们

邓肯上将接受德温特中将的投降。据说，战斗结束后两人在邓肯的住处玩起了惠斯特纸牌游戏。德温特没能在牌桌上击败邓肯，于是开玩笑地说：“在同一天输给同一个人两次是件很难的事。”

吹向陆地。英国人成功拿下 8 艘船作为战利品，但一夜之间，有几艘荷兰舰船悄悄溜走，逃进泰瑟尔岛。这些战利品受损严重，有两艘船在被送回英国之前就沉入大海，没有一艘船能进入舰队服役。

在关于这场海战的记述中，罕见地提到船上有女性的存在。众所周知，妇女通常作为男性船员的妻子一同出海，但由于她们从未出现在官方的船员名单上，所以她们只在非常罕见的情况下出现。比如英国皇家海军“热心”号上的一名军官在坎珀当海战中写的这封信，他的话似乎非常符合事实：

> 我们的伤员伤势严重。其中一个人的妻子在其岗位上协助他开炮，虽然她的丈夫不停地要求她下去，但她没有听从，直到一发炮弹夺走了她的一条腿并炸伤了另一条腿。

英军公布的伤亡人数（不太可能包括炮手的妻子）为 240 人死亡，796 人受伤。荷兰人有 540 人死亡，620 人受伤。圣文森特角海战和坎珀当海战意味着法国人的入侵计划已经流产。用海军历史学家尼古拉斯·罗杰教授的话来说：“此前，英国海军从未战胜过实力与自己相差无几的对手。”

尼罗河口海战（阿布基尔湾海战）

Battle of the Nile

1798 年

1798 年，39 岁的海军少将霍雷肖·纳尔逊率舰队在地中海搜寻法国舰队。这是他第一次指挥一支舰队，并且有明确的目标。拿破仑·波拿巴说服他的上司，允许他远征埃及。他的计划是先占领埃及，然后以它为基地攻打印度，这将对英国造成决定性打击。除了获得印度的财富外，拿破仑还有可能切断硝石的唯一供应，而硝石是制造火药的重要原料。在法国海军的支援下，拿破仑的军队搭乘 100 多艘运输船横渡地中海，先成功占领了马耳他，然后在埃及登陆，并在 7 月与当地军队交战，取得了决定性胜利。对于印度面临的这一威胁，英国基本上视而不见，但它知道需要遏制住拿破仑前进的步伐。

纳尔逊知道法国舰队在东地中海，于是他率舰队一路搜寻，先后到达撒丁岛、厄尔巴岛、那不勒斯、西西里岛、亚历山大港，最后又回到西西里岛。当纳尔逊的舰队返回埃及时，舰队中领头的军舰发现法国舰队停泊在埃及阿布基尔湾，在亚历山大以东 15 英里（24 公里）处，靠近尼罗河河口。英国舰队于 8 月 1 日下午 5 点 30 分左右抵达。法国舰队指挥官布吕埃斯上将拥有 13 艘风帆战列舰，其中包括“东方”号，这是一艘拥有 120 门火炮的三层战舰，也是当时世界上最大的军舰。然

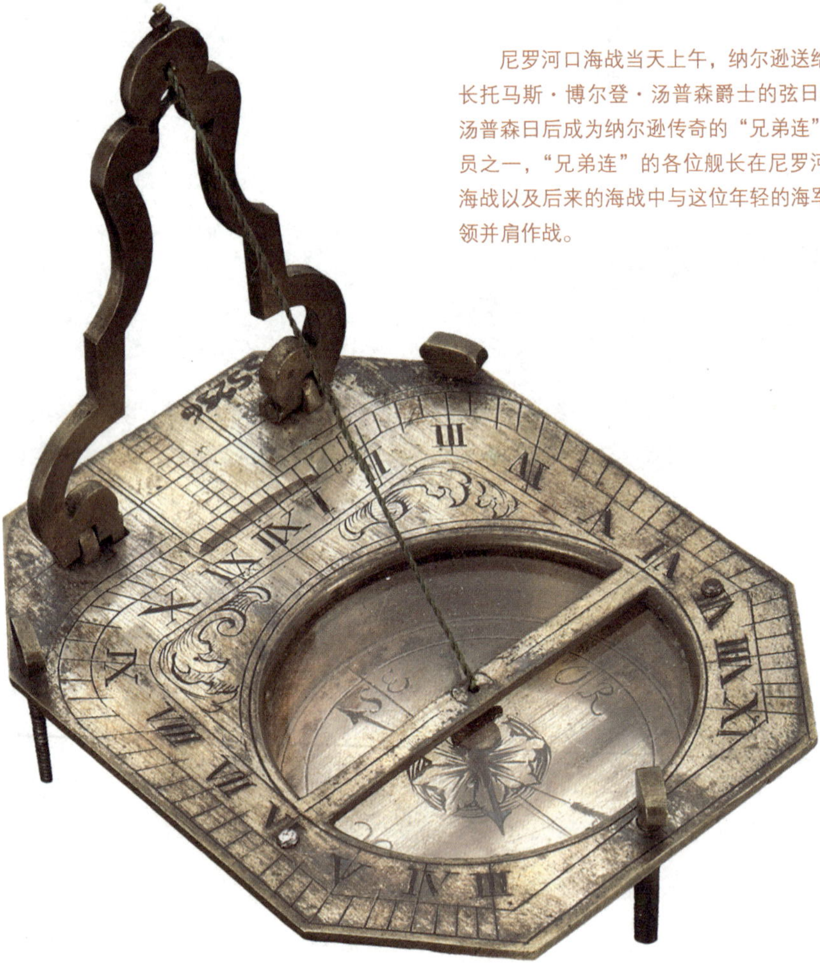

尼罗河口海战当天上午，纳尔逊送给舰长托马斯·博尔登·汤普森爵士的弦日晷。汤普森日后成为纳尔逊传奇的“兄弟连”成员之一，“兄弟连”的各位舰长在尼罗河口海战以及后来的海战中与这位年轻的海军将领并肩作战。

而，法国人毫无准备，没有派人前去侦察，甚至布吕埃斯看到英国舰队时，他还确信英军不会在这么晚的时候发动进攻。法国舰队的各艘战舰以一定角度停泊，横跨海湾排列成防御阵形，附近岛屿上还有海岸炮台提供保护，即便如此，法军的防御仍存在薄弱环节。法军舰船都是单锚，因此会随风摆动，各艘舰船之间以及舰船与海岸之间都有很大的空隙。当时，舰队的许多官兵都在岸上，而且没有设置足够的瞭望哨。

纳尔逊的舰队规模较小，但当时的风是吹向海湾，所以他决定与敌人交战。他的旗舰“先锋”号位于战线的中间，由托马斯·弗雷上校指挥的“歌利亚”号位于最前方。弗雷看到法军战舰和海岸边缘之间存

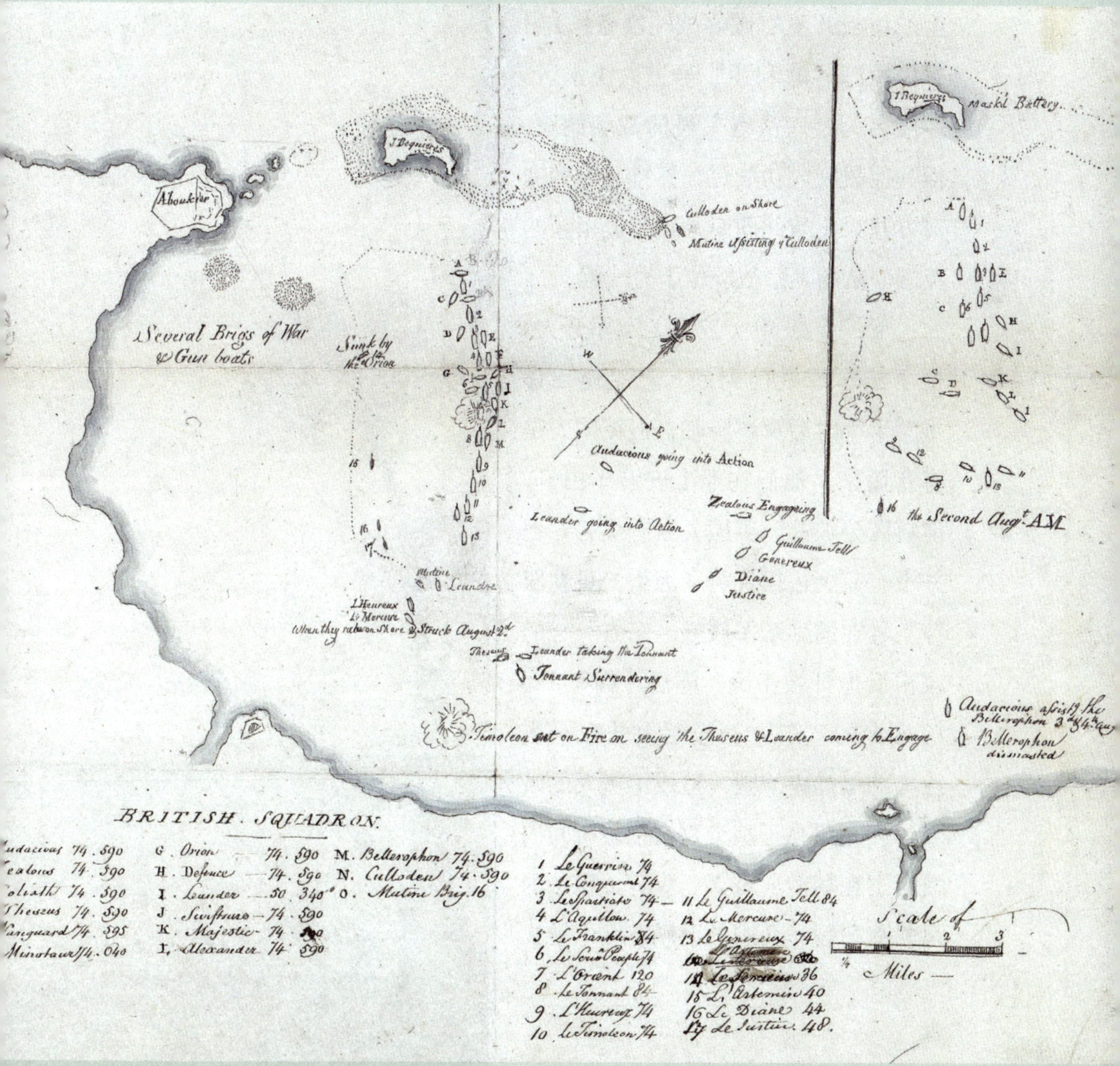

一张显示尼罗河口海战中双方舰船部署的图表。此图清楚地表明，面对纳尔逊舰队的突然袭击，法军舰船是如何被“钉死”在阿布基尔湾的。

在空隙，随即率领他的战舰越过法舰“战士”号的船头，进入后面的浅水区。当弗雷经过时，他欣喜地发现法舰的甲板并没有做好战斗准备。3艘军舰跟随“歌利亚”号进入浅水区。一艘名为“库洛登”号的战舰搁浅，但其他战舰成功驶过，并排成一列向对方开火。与此同时，纳尔逊率领的英国舰队的其余战舰位于另一侧。

下午6点30分左右，英军开火，位于法军战线前列的8艘船伤亡惨重。半小时后夜幕降临，但英国人是有备而来，他们在船上安装了白灯，能够区分彼此。英国人占有优势，但并没有完全占据优势，因为“贝勒罗芬”号在遭到法军旗舰“东方”号的攻击后桅杆被击毁。随后，拥有120门火炮的“东方”号起火并在一次巨大的爆炸中炸毁，造成了极大的破坏，火光照亮了整个夜空，短时间内震惊了在场的所有人。仅有2艘法国风帆战列舰和2艘护卫舰在维尔纳夫

尼罗河口海战。这是一场体现纳尔逊过人胆略的典型战役，他在傍晚时分发动攻击，但他事先给各艘战舰装上了灯，这样他们就能在渐渐变暗的天色中认出彼此。

尼罗河口海战中，“东方”号的毁灭沉重打击了法国的威望，其沉没在法国引起全面哀悼，而在英国却引起广泛庆祝。在命运奇怪的转折中，纳尔逊在特拉法尔加海战中战死后，安放他遗体的棺材是用缴获的“东方”号上的桅杆制成。

的带领下逃脱。这是一场最具决定性的战斗，但双方都伤亡惨重。

纳尔逊在“利安德”号上向英国海军部发出捷报，并命令他的一部分战舰护送战利品——6艘法军舰船前往直布罗陀。随后，纳尔逊前往那不勒斯，他不知道捷报并没有到达伦敦，因为“利安德”号在途中被敌人俘获。与此同时，在英国政府中，有很多人感到失望。他们知道法国人已经在埃及登陆，而且现在完全意识到印度面临的风险，外界对海军大臣斯宾塞勋爵有很多批评，因为他选择一位年轻且缺乏经验的海军将领来领导地中海舰队执行如此重要的任务。当纳尔逊胜利的消息最终传来，宣布英军在阿布基尔取得全面胜利时，斯宾塞勋爵激动地昏了过去。在尼罗河口海战中，纳尔逊运用了多种领导方法，这些方法在后来的特拉法尔加海战中也得到证明。这场胜利切断了拿破仑部队的海上补给线，使他们对印度的威胁程度降低。纳尔逊被授予贵族身份，成为尼罗河纳尔逊男爵，各种荣誉和金钱如雨后春笋般向他涌来，但他私下抱怨说还不够多。他也成了英国的民族英雄。在军事上，这场战役也意味着英国控制了地中海。

哥本哈根海战
Battle of Copenhagen

1801 年

海德·帕克上将。虽然他在哥本哈根海战中是英国舰队名义上的指挥官，但他的小心谨慎和优柔寡断导致他的下属霍雷肖·纳尔逊成为舰队事实上的指挥官。

1800 年，正值英法战争期间，英国试图阻止其他国家与法国进行贸易。为了支持法国，俄国与瑞典、普鲁士和丹麦－挪威联合王国一起组成武装中立联盟。波罗的海对英国的作战行动至关重要，因为重要的木材和海军物资都是从那里供应的，而关键点是瑞典和丹麦之间的狭窄航道。丹麦在战时航运中表现不俗，但从英国角度来看，存在着它可能与俄国结成过于紧密联盟的风险。

1801 年初，丹麦对英国商船实施贸易禁令，并占领了汉堡和吕贝克，从而关闭了易北河至

为了进入战斗位置，纳尔逊和他的分舰队必须穿过哥本哈根附近狭窄的海峡，海峡两岸都有炮台保护。

英国的贸易路线。年迈的海军上将海德·帕克爵士被任命为波罗的海舰队司令，他的副手是海军上将纳尔逊爵士。在海军大臣文森特上将的催促下，帕克不得不硬着头皮率舰队出发。波罗的海舰队有两个选择：要么对哥本哈根发动先发制人的打击，要么穿过哥本哈根附近水域，攻击位于雷瓦尔的俄国舰队。他们选择了前者，冒着被狭窄海峡两岸的丹麦炮台攻击的危险，于3月30日通过海峡并停泊在哥本哈根附近。

由于预计会发生某种形式的战斗，丹麦人做好了充分的准备，并在他们的城市中布置了严密的防御。丹麦的海军船坞位于一座岛上，狭窄的海峡将其与城市隔开，使其有可能受到来自海上的轰炸。18艘战列舰和装有重炮的商船沿着通往城市的海峡停泊成一排，其停泊方式与法国舰

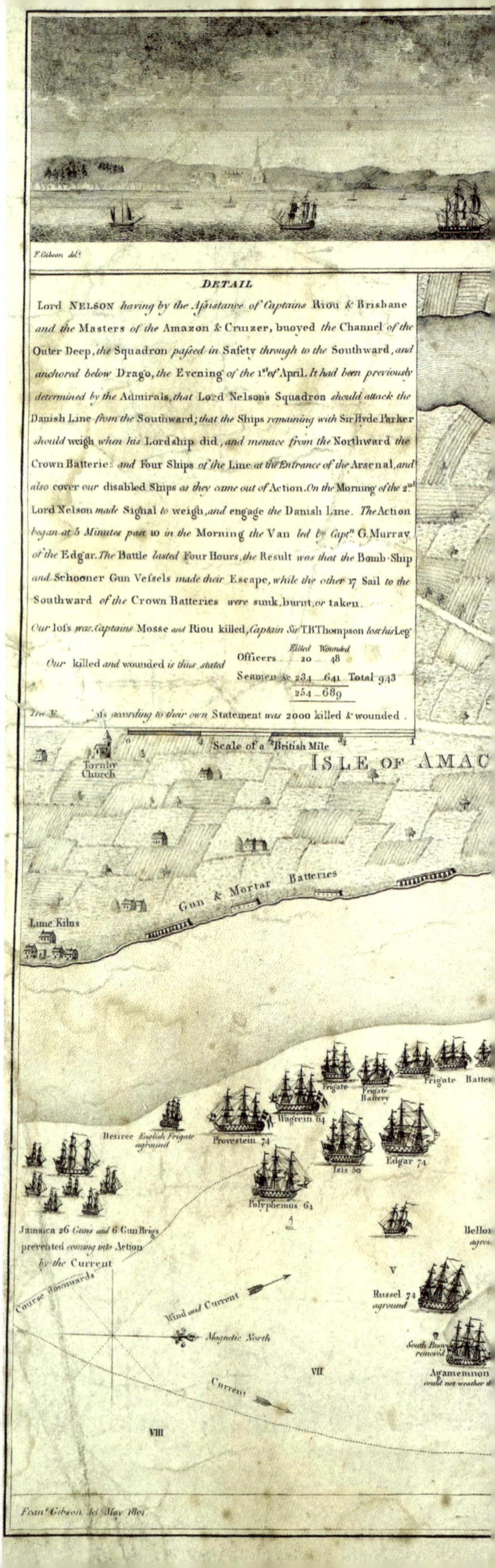

哥本哈根海战的地图。英国舰队排成的战列线与他们在阿布基尔湾的战列线相似，纳尔逊上将在这场战役中采用的战术与他在那里成功使用的战术类似。

Whitby: Published according to Act of Parliament Sept. 21st 1801 by Francs. Gibson Esqr.

哥本哈根海战。虽然英国人表面上取得这场战役的胜利，因为它使丹麦在拿破仑的战争中不再支持法国，但这只是敌对状态的暂时结束。1807年，皇家海军再次成功攻击了哥本哈根，这一次迫使丹麦军队完全投降。

队在阿布基尔湾的停泊方式类似。另有 7 艘船守卫着船坞的入口。

在纳尔逊催促下，海德·帕克派他率领 12 艘小型风帆战列舰前去进攻，而大型战舰和海德·帕克则留在海上。纳尔逊的旗舰是“大象”号，这是一艘小巧灵活、浅吃水炮舰，搭载 74 门火炮。在他的分舰队中，有一艘战舰是搭载 54 门火炮的“格拉顿”号，由威廉·布莱舰长指挥。这艘战舰是经过改装的东印度商船，配备了名为“尸体”（carcass）的燃烧弹，在这场战斗中有效地发挥了作用。

当英军的分舰队驶向哥本哈根时，他们很快就遇到了问题，因为丹麦人已将浅而窄的航道上所有的导航浮标和航标拆除。英军的 3 艘船——“阿伽门农”号、“贝娄娜”号和“拉塞尔”号，在中央沙洲搁浅，这是一处距离哥本哈根较远的大浅滩，但仍然能够从它们的静止位置开火。其余的战舰则抵近与丹麦舰船和岸上的炮台交火。与阿布基尔湾海战不同的是，英国舰船无法绕到丹麦舰船的后方，而且一开始丹麦人的火炮打击效果较好，特别是来自特雷克罗纳堡（Trekroner Fort）的炮火。不仅如此，丹麦人还可以轻易从陆地上增援其阵地。然而，英国人的炮术逐渐占据上风，他们还将丹麦人的防御工事进行了划分，每艘战舰负责攻击指定的区域。截至下午 1 点 30 分，英军已摧毁哥本哈根南部的防御力量。12 艘丹麦舰船失去战斗力，为臼炮艇进入射程内开火扫清了航道。这些建造精良的臼炮艇专门用于对岸轰击，装备有能够高抛射爆炸弹的迫击炮。

大约在这个时候，帕克还在 5 英里（8 公里）之外焦急等待，火炮产生的烟雾遮挡了他的视线，由于看不清前方战况，生性谨慎的他于是下令全面召回纳尔逊的舰队。纳尔逊舰上的一位目击者后来记录道：“然而，纳尔逊勋爵从未予以回应……这位英雄只挂出一面信号旗，发出截然相反的信息，即近距离作战。”不过，纳尔逊将望远镜对着他失明的眼睛这一家喻户晓的故事是虚构的。纳尔逊手下的舰长们听从他的指挥，无视总司令的命令。“反抗”号的海军少将格雷夫斯确实按照帕克的命令升起信号旗，但他让表示收兵的信号旗被船帆遮挡，同时继续明显地悬挂近距离作战的信号旗。当战局开始有利于英军时，纳尔逊选择向对方提出停火。这是一个经过深思熟虑但存在争议的举动，丹麦人同意了，使伤员得以获救。当时的形势有些僵持不下，臼炮艇仍然在原地，海德·帕克可能会率领他的战舰赶过来，但纳尔逊心里清楚，他必须带领他的舰队驶出这片狭窄的浅海。

纳尔逊亲自与丹麦王储展开谈判，谈判进行了数天，并于 4 月 8 日达成休战协议。在这场战斗中，英国大约有 254 名军官和海员丧生，689 人受伤，丹麦的伤亡人数略多。5 月 4 日，海德·帕克爵士被召回伦敦，并被告知将指挥权交给纳尔逊。纳尔逊随后率舰队前往雷瓦尔，但并未发生任何战斗，由于俄国沙皇遇刺身亡，其对外政策也发生了变化，身患疟疾的纳尔逊于是返回英国。哥本哈根在英国人的这场轰炸中幸存下来，英国与波罗的海之间的重要贸易航线由此得到恢复。但在 1807 年，为了避免丹麦舰队落入拿破仑之手，英军先发制人，发动攻击，哥本哈根彻底毁于英军的轰炸，丹麦海军的舰船被英军俘获并被带到英国。

哥本哈根海战后发行的纪念徽章，徽章上印有新受封的尼罗河纳尔逊子爵的名字。

的黎波里海战（第一次巴巴里战争）
Tripoli (First Barbary War)

1801—1805 年

北非海岸，特别是突尼斯、的黎波里、阿尔及利亚和摩洛哥地区，在 18 世纪和 19 世纪初因海盗猖獗而臭名昭著。18 世纪，超过 15 万欧洲人被海盗绑架，他们要么被奴役，要么被勒索赎金。由于靠近地中海狭窄的出入口，北非人经常袭击商船，抢劫货物并劫持人质。各个国家试图用不同的方法来解决这一问题，许多国家干脆通过支付贡金（本质上是保护费）来收买他们。英国与这些北非国家签订了条约，同时拥有强大的海军，但是，随着美国的独立，美国船只就成了自由攻击的对象。1794 年，美国国会通过了《海军法》，重建美国海军，并建造 6 艘海军护卫舰来捍卫美国的利益，但这些护卫舰在保护海上贸易方面所能发挥的作用有限。

此时，美国已与巴巴里地区诸国签订条约，向其缴纳贡金并同意为美国俘虏支付赎金，但托马斯·杰斐逊不同意这种做法，并将战争视为一种选择。他写道，他“非常不愿意我们默然接受欧洲人向那些无法无天的海盗缴纳贡金的屈辱行为”。1801 年，杰斐逊成为美国第三任总统，并派出一支海军舰队前往地中海保护商贸活动，并特别针对的黎波里的海盗活动。的黎波里帕夏要求更多的金钱，拒绝承认之前与美国签订的条约，并在美国未能做出任何让步后向其宣战。这是美国海军第一次远征海外，共派出 4 艘船，从弗吉尼亚州诺福克出发，由理查德·戴尔准将指挥，他接到的指示是“保护我们的商业，并通过击沉、烧毁或摧毁他们的大小舰船来惩罚他们的无礼行为，无论你们在哪里发现他们”。戴尔的远征没有达到预期效果。次年，美国派出第二支远征舰队，由理查德·莫里斯准将指挥，但它在限制的黎波里的海盗活动方面也没有什么效果。

爱德华·普雷布尔。作为严厉且要求严格的军官，他在美国海军成立初期做了大量工作，将其塑造成一支秩序井然、纪律严明的队伍。许多曾在他手下服役的骨干军官后来成为政界和军界高层，他们自豪地称自己为“普雷布尔的男孩们”。

到了 1803 年，杰斐逊派出更多的舰船，由海军准将爱德华·普雷布尔担任指挥官。指挥“企业”号的海军军官是斯蒂芬·迪凯特。迪凯特来自费城，是一个脾气暴躁的年轻人，他的父亲是商人、私掠从业者。迪凯特于 1798 年作为海军军官候补生加入美国海军。尽管（或者说没有）受到与同僚决斗的名声的影响，他还是在 1803 年第一次获得指挥权，并前往地中海。普雷布尔成功地与摩洛哥达成协议，并派出两艘船——“费城”号和“维克森”号——去封锁的黎波里。威廉·班布里奇舰长指挥的“费城”号护卫舰在追赶一艘的黎波里舰船时，在海图没有标记的岩石上搁浅。该船连同其 300 名船员被俘，并被带至的黎波里。优素福·克拉曼利帕夏获得一个宝贵且实用的战利品，他命人找回被扔出船外的火炮，将其复原，并要求美国为船员支付 300 万美元赎金。

普雷布尔意识到，经过前两次失败的远征以及这一次“费城”号的被俘，新生的美国海军没有什么威望，他需要采取明确的行动。他有两

“费城”号搁浅。这艘美国军舰及其船员的被俘导致了19世纪初的“人质危机”，迫使美国直接解决巴巴里海岸的海盗问题。

斯蒂芬·迪凯特俘虏“马斯蒂科”号。年轻无畏的迪凯特成为独立后的美国第一批战争英雄之一。1820 年，年仅 41 岁的他在与同为海军军官的詹姆斯·巴伦进行决斗时被杀，他的轻狂本性最终导致了他的殒命。

个选择，一是入侵的黎波里，夺回“费城”号及其俘虏，二是摧毁这艘护卫舰。入侵成功的可能性不大，但迪凯特上尉有一项提议。此前，他那艘装备14门火炮的双桅纵帆船“企业”号成功俘获一艘的黎波里小型船只“马斯蒂科”号。他的计划是派人驾驶这艘看起来和当地其他船只一样的船，驶入敌方港口并夺回“费城”号。最终，普雷布尔采纳了他的计划。“马斯蒂科”号被重新命名为“无畏”号，由迪凯特指挥，船上有75名水手和海军陆战队员。查尔斯·斯图尔特上尉指挥的“海妖”号为其提供掩护和支持，“海妖”号是一艘装备16门火炮的双桅横帆船。这是一项非常危险的任务，只招募志愿者。普雷布尔准将坚持认为，这些人面临的风险太大，只需将“费城”号摧毁，没有必要将其带回。

两艘船于1804年2月2日离开西西里岛锡拉库萨，但一到的黎波里港，风暴使他们无法进入，直到2月16日，“无畏”号伪装成一艘马耳他船，成功潜入港口，将“海妖”号留在外海。“无畏”号在一名意大利领航员萨尔瓦托雷·卡塔拉诺引导下进入港口。等船一靠上“费城”号，60名水手和海军陆战队员就立即登船，袭击守卫人员。美军放火烧船并成功逃脱，而“费城”号则成为港口内的一艘火船，阻挡住敌方追兵。虽然“费城”号的船员仍被扣为人质，但这次突袭却没有损失一个人。正在地中海指挥舰队封锁土伦的纳尔逊对此印象深刻，宣称这一行动是“当代最大胆无畏的行动”。此战提升了美国海军的威望，迪凯特因其英勇行为而受到普雷布尔的赞扬，并要求上级立即给他晋升。迪凯特成为美国海军任命的最年轻舰长，总统亲自向他表示祝贺。

与此同时，普雷布尔仍有工作要做，他在那不勒斯国王支持下，在锡拉库萨组建了一支庞大舰队，准备对的黎波里发动大规模进攻。美军于1804年夏天发动攻击，俘获许多船只作为战利品，并对这个防卫森严的港口造成巨大破坏。然而，战争仍未结束，普雷布尔于当年12月返回美国，并将舰队交给斯蒂芬·巴伦指挥。班布里奇和他的船员直到

燃烧中的“费城”号。对这艘被俘战舰的大胆攻击为斯蒂芬·迪凯特赢得了长期声誉。“费城”号于1800年初服役，首任指挥官正是他的父亲，所以他在放火烧毁这艘船时心情一定很复杂。

1804年8月3日对的黎波里的轰炸。作者是迈克尔·费利斯·科内，图中最大的战舰是美国海军的“宪法”号，是普雷布尔的旗舰。

第二年才被释放，这要归功于美国海军的另一次著名行动，这次行动由美国海军陆战队完成。威廉·伊顿上尉率领400名雇佣兵和7名海军陆战队员从亚历山大港出发，经过600英里（965公里）的艰难跋涉，在德尔纳取得了胜利。德尔纳是的黎波里东部的港口，在这次突袭中沦陷，暴露出的黎波里的弱点。作为美国政府支付6万美元的交换条件，帕夏释放了所有美国战俘，并同意签订旨在结束第一次巴巴里战争的条约。这场战争是美国在外国领土上进行的第一场战争，美国人民自豪地通过绘画、歌曲和该国最古老的战争纪念碑——的黎波里纪念碑来纪念这场战争，该纪念碑现在位于安纳波利斯的美国海军学院。

普洛奥拉海战
Battle of Pulo Aura

1804 年

英国海军上将彼得·雷尼尔于 1794 年被任命为东印度群岛舰队指挥官。东印度群岛覆盖了 3000 万平方英里（7770 万平方公里）的广阔区域，其核心是印度。他的主要任务是保护印度不受法国人的侵扰，并保护印度与远东之间的重要贸易。然而，他的舰队只有 20 艘船来防卫这片区域，最大的船是一艘装备 64 门火炮的战舰。东印度公司的大型船舶从英国出发开展贸易活动，而较小的港脚船（country ship），正如外界对它们的了解，用于印度和远东之间的贸易。为了安全起见，它们经常结伴航行，组成一支船队，雷尼尔上将需要知道船队何时从中国出发，以及它的航线，以便让他用有限的资源提供保护。

1804 年 1 月，中国广州，东印度公司的中国舰队指挥官们正为返程做准备。他们的货物总共价值 700 万英镑，军官们非常清楚，如果货物落入坏人之手，其后果不堪设想。严格说来，法国和英国此时处于和平状态，但有传言说战争即将来临。舰队需要决定何时起航，以便在回国的漫长航线上充分利用天气，还需决定是否要冒险通过马六甲海峡，这是一条狭窄的危险通道。另一个选择是向东绕远路通过巴厘岛或龙目岛附近的海峡回国。然而，这些路线在航海图上缺乏详细的标注，而且

海军上将雷尼尔。作为东印度驻军指挥官，他负责的区域相当于亚洲和非洲大陆的总和。在这幅肖像画中，可以看到他戴着一副有边框的“视觉眼镜”，这种眼镜缩小了镜片的孔径，因此可以隔绝多余的光线。

非常狭窄，对一支运输极其宝贵货物的大型船队来说非常危险。另一个选择是通过苏门答腊和爪哇之间的巽他海峡，这条航线更适合那些直接前往欧洲的船。舰队最后决定走马六甲海峡，这对前往印度的港脚船更有利，而且东印度商船也有望得到雷尼尔提供的护航，保护他们通过印度洋航道，因为该航道将经过法国控制的毛里求斯岛。

东印度商船起航。财力雄厚的东印度公司租用专业的大型重载帆船来运送珍贵货物。

就在他们准备返程之时，“恒河”号，一艘快速航行的双桅横帆船，从孟加拉抵达中国广州，带来了英法再次开战的消息。自法国占领荷兰以来，东印度群岛中原属荷兰的岛屿现在是敌国领土。56 岁的中国舰队司令丹斯准将指示所有指挥官操练其火炮和轻武器。东印度商船拥有巨大的船身，相当于一艘搭载 64 门火炮的军舰，但装备的武器较少。“卡姆登伯爵”号和“沃伦·黑斯廷斯”号的上层甲板上有 10 门 18 磅的近距臼炮，主甲板上有 26 门同类型火炮。

由 16 艘东印度商船和 11 艘港脚船组成的舰队离开广州，随行的快速帆船“恒河”号充当侦察船。皇家海军的福勒上尉也在舰队之中。此前，他的船“鼠海豚”号失事，他现在是“卡姆登伯爵”号上的乘客，正准备回家。“恒河”号发现马六甲海峡存在危险，前进至位于海峡入口处东北方向的普洛奥拉岛。2 月 16 日，当舰队紧密聚集在一起时，“皇家乔治”号发出信号，称在海平线上发现一支由 4 艘船组成的可疑船队。丹斯命令 4 艘东印度商船“阿尔弗雷德”号、“皇家乔治”号、“孟买城堡”号和“希望”号前去查看，转移至“恒河”号的福勒上尉也一同前往。他们回来后报告，这支船队是海军上将利努瓦指挥的法国海军分舰队，其中包

普洛奥拉海战。在这场高风险的对峙中，法国人首先知难而退，认为与他们对峙的英国舰队装备了先进武器，而实际上并非如此。

括他的旗舰——搭载84门火炮的“马伦戈”号，两艘重型护卫舰“贝勒·普勒”号和“塞米兰特”号，一艘搭载26门火炮的轻型护卫舰和一艘搭载18门火炮的巴达维亚双桅横帆船“威廉”号。接下来发生的事情展现了指挥官冷静的头脑和纳尔逊式领导风格。

丹斯准将命令舰队中的大船排成一条战列线，继续航行，但预期的攻击并没有发生。日落时分，丹斯派“恒河”号上的福勒上尉把港脚船放在较大的东印度商船和敌舰之间。福勒带着港脚船上的志愿者回到了“卡姆登伯爵”号。次日早上7点，丹斯升起旗帜，向法国人传达开战信息，法国舰队此时位于顺风方向约3英里（5公里）处。法国人也升起旗帜。当法军试图切断英国舰队后方时，丹斯发出信号：“攻击并逼近敌人，并相继与之交战。”“皇家乔治”号一马当先，“恒河”号和“卡姆登伯爵”号紧随其后，向对方驶去，尽可能地延迟开火。“皇家乔治”号冲锋在前，尽可能地靠近敌舰。“恒河”号和“卡姆登伯爵”号在其火炮能够起到打击效果时立即开火。但法国人认为他们面对的是皇家海军64门三等舰炮，于是在其他英国战舰进入交火距离之前放弃战斗。丹斯准将后来在报告中写道，他们“满帆向东驶去”。看到法军放弃战斗，丹斯发出全面追击的信号，对法军进行了短暂的追击，直至下

法国舰队指挥官利努瓦上将。

午4点。由于担心他们现在已经远离马六甲海峡，而且法国舰队现已远在东边，英国舰队重新集结，停泊过夜。次日清晨，舰队畅通无阻地穿过海峡。

“皇家乔治”号有一人阵亡，另有一人受伤，船体和船帆有轻微损坏。仅有少数炮弹击中“卡姆登伯爵”号或“恒河”号，根据丹斯的说法，“敌人的火炮似乎没有瞄准，射出的炮弹要么打偏，要么从我们头顶飞过”。丹斯特别提到了“皇家乔治”号蒂明斯船长的英勇行为，并表扬了他所有的指挥官同袍，他们的船都收拾齐整并做好了战斗准备。他发现舰队成员都“一致下定决心保卫受人委托的宝贵财产，直到最后一刻”。

这支舰队从马六甲一路航行，最终与由英国皇家海军“阿尔比恩”号和“权杖”号组成的护航舰队会合，“恒河”号被派去给印度总督送信，信中对此次战斗进行了详细介绍，并由其转呈伦敦。舰队随后经好望角前往英国。抵达伦敦后，舰队官兵被当作英雄接待。劳埃德爱国基金向丹斯赠送了一把价值100英镑的礼仪佩剑，并向东印度商船的每位指挥官以及福勒上尉赠送了一把价值50英镑的礼仪佩剑。英国国王接见了丹斯准将，并授予他骑士称号。东印度公司赠予他200几尼和一个价值200几尼的餐盘，此外每年为他提供500英镑的养老金。报纸上登满了关于这场海战的文章，纷纷表达对这支满载贵重货物的商船队侥幸脱险的欣慰，以及对护航舰队英勇行为的崇敬之情。

一把华丽的劳埃德爱国基金佩刀，与赠送给丹斯舰长的类型相同。每把刀上都刻有接受者的姓名和战斗详情。

纳撒尼尔·丹斯准将。

特拉法尔加海战

Battle of Trafalgar

1805 年

特拉法尔加海战之前的一段时期与海战本身一样重要。在海战中取得胜利，需要有数量足够、装备齐全且精良的舰船和训练有素、经验丰富的海员和军官。取胜的因素还包括纳尔逊“兄弟连”所具备的伟大团队精神，所有海员对其统帅的高度尊重以及纳尔逊高明的战术。

1802 年的《亚眠和平条约》只不过是一次短暂的休战，因为到了 1803 年，战端重开，在此期间，双方都借机建立了自己的舰队。此时的皇家海军疲于奔命、捉襟见肘。首先，为了确保来自波罗的海的原材料的正常供应，保护北海的航运成为高度优先事项。木材、帆用亚麻、沥青和焦油对于新船建造和持续的维修和保养需求是必不可少的。同时，对布雷斯特和土伦的封锁需要占用资源，还需要维持地中海舰队，以便支持盟国、遏制拿破仑的扩张。此外，英国参与了半岛战争，还要守卫西印度群岛和东印度群岛。

1804 年 12 月，西班牙和法国就组建联合舰队达成一致。然而，由于皇家海军的封锁，维尔纳夫和他的舰队被困于土伦。拿破仑入侵英国的计划取决于对英吉利海峡的控制，因此法国人的意图是让法国舰队从布雷斯特、罗什福尔和土伦突围，与西班牙海军会合，然后攻击英国在

霍雷肖·纳尔逊。没有人可以说英国最伟大的海军指挥官不亲临一线指挥。他在一次战斗中失去了右眼，在另一次战斗中失去了右臂大部分。他激发部下永远忠诚的能力在当时被称为“纳尔逊战法”（Nelson Touch），他作为领导者和激励者的技能至今仍被研究。

西印度群岛的殖民地。法国人希望皇家海军将被迫转为防守，从而在英吉利海峡为入侵开辟出通道。位于罗什福尔的法军分舰队成功摆脱封锁，1805 年 3 月，维尔纳夫的舰队也偷偷溜出土伦的包围圈。4 月，纳尔逊收到情报，称维尔纳夫的舰队已经驶出地中海，与从加的斯出发的西班牙舰队会合，一起前往西印度群岛。纳尔逊率舰队开始追击，而康沃利斯的舰队仍留在英吉利海峡，封锁布雷斯特。

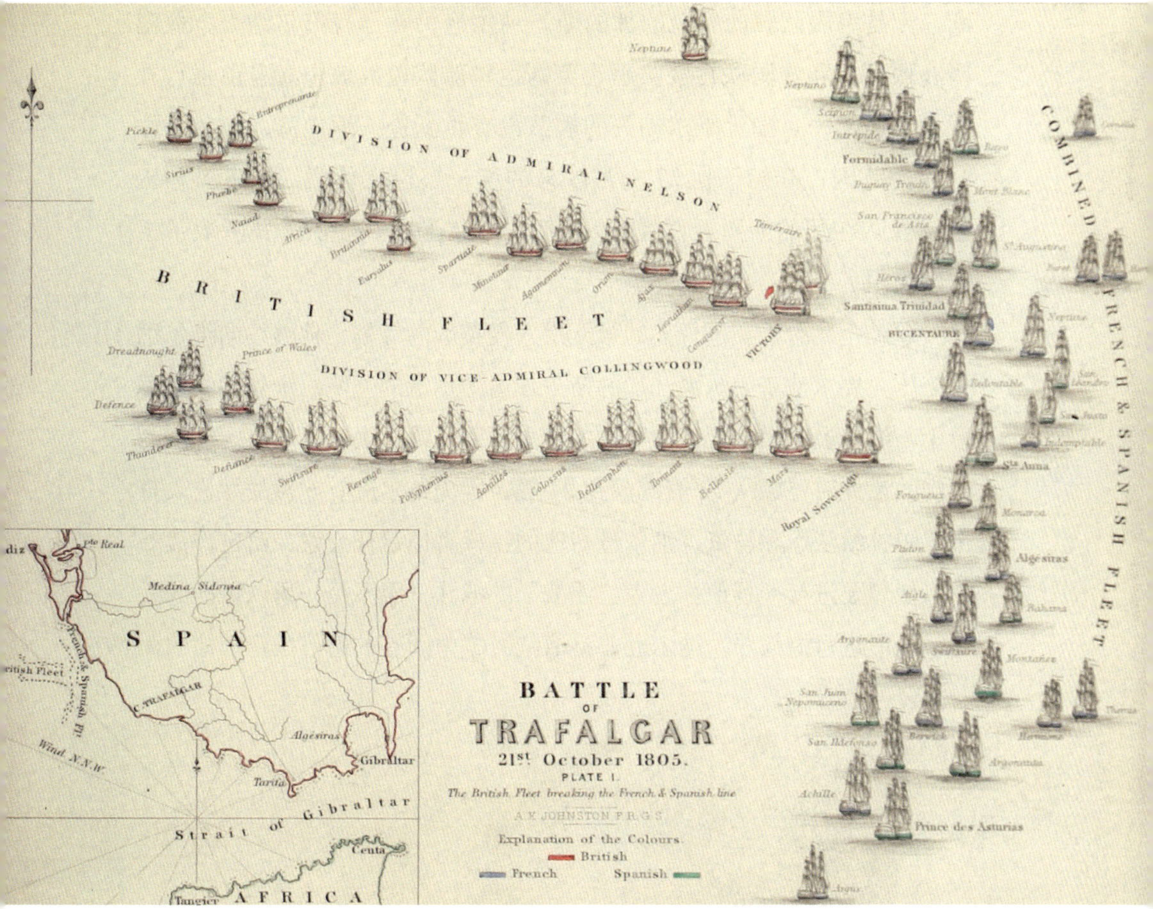

特拉法尔加海战的作战示意图。纳尔逊将他的舰队分成两个纵队，直插敌方战列线的中央。这样做是为了引起一场混战，因为他知道，他手下训练有素的船员会占上风。

维尔纳夫和西班牙海军上将格拉维纳率联合舰队抵达马提尼克岛，但他们从一支被俘的护航船队处得知，纳尔逊的舰队此时也在西印度群岛，于是他们启程返回欧洲，并未对英国的陆地或海上财产造成任何损害。纳尔逊的舰队仅落后他们两天航程。7 月 22 日，法西舰队在菲尼斯特雷角附近遭遇由考尔德上将指挥的英军分舰队，双方发生战斗，法西舰队失利，损失了 2 艘船。维尔纳夫看到通往英吉利海峡的航路被阻断，于是率舰队驶向安全的加的斯。纳尔逊仍在寻找维尔纳夫，他渴望在西班牙和法国联合舰队阻止英国运输船队进入地中海之前强行开战。然而，一旦确定维尔纳夫的舰队没有重新进入地中海，纳尔逊暂时返回英国，开始了他 27 个月以来的第一次岸上休假，留下科林伍德率舰队在加的斯附近监视。9 月底，纳尔逊回到舰队，并听取了下属的简报。

拿破仑此时正在进行他的第五次入侵英国的计划，他继续向维尔纳夫施压，要求他率舰队离开加的斯去攻击纳尔逊的舰队。维尔纳夫并不急于与纳尔逊交手，他认为英军的实力更胜一筹。事实上，英国舰队的战舰数量此时已经从 33 艘减少到 27 艘，因为纳尔逊有 6 艘战舰进入直布罗陀补给淡水和物资。纳尔逊与他的指挥官们召开会议，商定作战计划。他想要进行一场他称之为“混战”的战斗，而不是一场以标准的战列线队形进行的战斗。纳尔逊非常清楚海战中固有的通信风险，他的命

海军上将皮埃尔·查尔斯·维尔纳夫。他在此战中被英军俘虏，于 1805 年年底回到法国。他试图重新加入法国海军，但上级对他的请求不予理睬。1806 年 4 月，在雷恩的一间酒店房间里，人们发现他被刺死。官方认定他是自杀，这一结论遭到舆论的广泛嘲讽，许多人认为因其在特拉法尔加的战败，拿破仑派人将之谋杀。

令包括："在看不清或者无法完全理解信号情况下，如果舰长把他的战舰开到敌人的战舰旁边，他就不会错得太离谱。"英军士气高涨，纳尔逊的名声在整个舰队中是众所周知的。

雅各布·理查兹，在"尤拉里乌斯"号上服役的新水手，在战斗结束后写道：

> 当天破晓时分，我军发现敌方舰队位于背风面约 9 英里（14.8 公里）处，并排成 9 条战列线，各艘船之间间隔较小。我们英勇的海军上将除了用传令钟发出信号外，几乎没有发出其他信号，因为他之前已经向手下的舰长和舰队各位指挥官发出指令或指示，毫无疑问，这些指令和指示会为战斗带来最大程度的秩序和稳定。

纳尔逊的舰队有 27 艘船、约 17000 人和 2148 门火炮，而维尔纳夫的舰队有 33 艘船、30000 人和 2632 门火炮。纳尔逊没有组织舰队排成战列线，而是组织了两个纵队，并决定由他本人和手下最资深的指挥官科林伍德来领导各自的纵队，这与以往的作战先例不同。英军还将他们所能调动的所有舰船投入战斗，这意味着他们以比预期更快的速度逼近敌人。即便如此，由于风力并不强劲，让英军有足够的时间准备战斗，也有时间让纳尔逊写下他那条著名的信号。信号在上午 11 点 40 分发出，内容是："英格兰期盼每个男儿恪尽职守（England expects every man will do his duty)。"纳尔逊本想使用"confides"一词，意为"信任"，但信号官约翰·帕斯科上尉解释说，这需要使用更多的信号旗。这条信息在整个舰队中引起共鸣，它的变体重复出现在战后的许多封家书之中。

纳尔逊和科林伍德率领各自的纵队冲向法西舰队排成的战列线。由于英军舰船以不同的速度驶向敌方，在对方看来，他们就像一群队伍凌乱的散兵游勇。维尔纳夫在他的旗舰"布森陶尔"号上，旁边是巨大的

VICTORY

西班牙战舰“圣特立尼达”号。为了节省弹药和船员的体力，“胜利”号暂不开火，即便有人员伤亡，也未能动摇。要做到这一点，需要铁的纪律和坚强的意志，在此过程中，纳尔逊身边的一个人当场阵亡。中午12点35分，“胜利”号开火，此时已有20人死亡，30人受伤。

纳尔逊的纵队垂直穿过敌方舰队的中间，科林伍德的纵队则斜向切入其后方。起初，这对英国舰队来说是非常危险的。“无畏”号上的托马斯·康奈尔指出：“在有能力还击之前，我们就已经暴露在毁灭性火力之下。”但这种非常规攻击给法西舰队造成了相当大的混乱。虽然他们在一开始占据优势，但随着越来越多的英国战舰涌来，他们受到了越来越大的冲击。中午时分，英军开始射击，并为此付出了高昂的代价。“胜利”号遭到“可畏”号的攻击，身穿全套制服并佩戴勋章的纳尔逊非常显眼，下午1点15分，敌舰索具的高处射来一颗子弹，打裂了他的脊柱，外科医生贝蒂知道他对此无能为力。维尔纳夫于下午2点30分投降，纳尔逊于下午4点30分去世，死前被告知他和他的部下赢得了一场伟大的胜利。一等水兵，“不列颠尼亚”号的詹姆斯·韦斯特，在给他父母的信中写道：

全军上下悲痛万分，因为高贵的纳尔逊勋爵已经不在了。他死在胜利的怀抱里，全

皇家海军“胜利”号战舰。此舰曾是纳尔逊的旗舰，现在在朴次茅斯海军船坞中公开展出，并且仍然是第一海军大臣的旗舰。

特拉法尔加海战。战场位于西班牙南部的加的斯附近海域。

世界的荣耀围绕着他。敌军从加的斯出来，想要击败我们，但这位英国英雄让他们的计划化为泡影。

当英军准备夺取战利品并清扫战场时，一阵大风席卷而来，给那些本已遭受重创的船只造成了更大的损失。舰队指挥官现在是科林伍德，对他而言，当务之急是将英军的胜利、纳尔逊的阵亡、伤亡人数、战利品和舰队目前的状况等消息快速传回英国。最后的结果是，英国舰队有1700人伤亡，法西联军的死亡人数估计有6000人，另有20000人被俘。由拉佩诺蒂埃上尉指挥的“皮克尔”号护卫舰起程回国，其任务是以最快速度将这一重要消息呈报海军部。法西舰队仅剩的几艘船驶向加的斯，而英国人则将死伤者带到直布罗陀。

在英国，庆祝活动低调进行，纳尔逊的死讯被社会各阶层视为个人损失。最终，英国舰队回到国内。11月10日，水兵约翰·帕尔随皇家海

《纳尔逊之死》，作者是本杰明·韦斯特。这幅画以理想化方式描绘了英国最伟大海军英雄的最后时刻，已成为展现这一历史时刻的公认版本。

特拉法尔加勋章，上面有“英格兰期盼每个男儿恪尽职守”的字样。

军“英雄”号进入普利茅斯：“今天我们带着战利品驶入港口，受到岸上民众的热烈欢迎，他们大声欢呼，还有乐队演奏《统治吧！不列颠尼亚！》。”

相对而言，法国人对此战的结果并不重视。在特拉法尔加海战之前，拿破仑就已经放弃入侵英国的计划，集中精力打陆战，1805年12月，他在奥斯特利茨赢得了一场决定性、备受赞誉的胜利。最大的输家是西班牙，其舰队被彻底摧毁。1806年，拿破仑下令实施大陆封锁，旨在通过阻止贸易活动来打击英国的经济，但它对欧洲大陆的经济造成了更大影响。1786年，阿姆斯特丹有80家制糖厂，到1813年，这一数字下降到只有3家。葡萄牙抵制封锁，西班牙反叛，瑞典逃避封锁，俄国改变主意。1809年，英国甚至从法国进口谷物。

由于特拉法尔加海战的胜利，英国人成为无可争议的海洋统治者，并在19世纪余下的时间里一直如此。每年10月，皇家海军都会在特拉法尔加晚宴上庆祝这一胜利，在场的最高级军官会发表著名的祝酒词：“纳尔逊以及在此战中牺牲的所有将士永垂不朽！”

纳尔逊战死时所穿的制服，左肩上可以看到子弹洞。

艾克斯锚地海战

Battle of the Aix Roads

1809 年

人们很容易认为特拉法尔加海战完全消灭了法国舰队，虽然这一说法比较令人信服，但实际情况是，分散在布雷斯特、洛里昂和罗什福尔等港口的法国舰队仍然是一支强大的力量。为了阻止这些港口的战舰会合，从而对英国构成威胁，英国人设置了封锁线。

如果风向允许，封锁的效果很好，但恶劣天气会迫使皇家海军离开其位置，让法国战舰趁机从布雷斯特溜走。伦敦方面担心的是，他们可能会前往西印度群岛，那里的法属马提尼克岛正被英国人围困。然而，出人意料的是，从布雷斯特驶出的多艘法国战舰沿着海岸线南下，与罗什福尔的舰队会合，一起停泊在艾克斯锚地，合并后的这支舰队拥有14 艘战舰。这一情况引起了伦敦方面的重视，海军部于是指示英吉利海峡舰队总司令、海军上将甘比尔勋爵用火攻船摧毁它们。甘比尔是一个谨慎的人，不像他的上级那样忧心忡忡，对此并不热心。他是有强烈宗教情感的人，拒绝了使用火攻船的建议。

感到失望的海军部请来一位年轻的舰长——科克伦勋爵，他同时也是国会议员。科克伦早些时候曾提交过使用火攻船摧毁法国舰队的计划，并且在他职业生涯早期，是成功的作战指挥官。海军部让科克伦阅

托马斯·科克伦。无论是过去还是现在，科克伦都是备受争议的人物，他也是议员，在当时支持激进的观点。

读了甘比尔的来信，他很快认识到国家需要采取行动，但他也意识到，作为下级军官，他将处于左右为难的窘境。如果他的计划获得成功，功劳会归上级，但如果失败了，他将独自承担来自海军部和上级的指责，还会有个人名誉的损失。科克伦还抗议说，他的职位较低，这意味着："甘比尔勋爵可能会认为，我接手这项他坚持认为是危险甚至是令人绝望的任务，是一种冒昧的行为。"但海军部坚持己见，并准备了 12 艘火攻船。科克伦的计划还包括一种新武器，即威廉·康格

尽管在艾克斯锚地海战发生的当天，皇家海军的两名主要指挥官发生争执，英国人还是取得了胜利。

里夫发明的火箭。

甘比尔非常乐意让科克伦负责指挥这些火攻船，这减轻了科克伦的顾虑。但舰队中资历高于科克伦的其他舰长显然对这种越级任命感到不满。科克伦指挥他的“英佩里乌斯”号侦察了法国舰队和防御工事。法国舰队在周围浅水区和一座浮动水栅的保护下排成队列。

4 月 11 日，科克伦终于获得甘比尔的批准，决定实施夜间突袭，因为他认为这是最好的选择。除了 12 艘火攻船之外，科克伦还将舰队中的3艘老旧运输船改装成爆破船，里面塞满了原木、火药、弹丸和手榴弹。然后，他和3名志愿者一起乘坐最大的爆破船，带领这些船驶向法国舰队。在黑暗中，他让船员转移到后备船，亲自点燃了船上的导火索，当他们划船返回时，爆破船爆炸，紧接着第二艘爆破船也发生爆炸，与此同时，顺风航行的火攻船穿过了浮动水栅。只有4艘火攻船冲入法国舰队队列之中，并未造成严重损失，但它们引起了恐慌，因为法国人试图在黑夜里躲避它们，法军舰船纷纷搁浅，只有两艘船幸免。

早上，科克伦向甘比尔发出信号，建议发动攻击，但甘比尔没有理会。科克伦沮丧地看着潮水不断上涨，这将使法军舰船得以逃脱。科克伦反复向甘比尔发出信号，但没有任何效果，于是他做了一个大胆而有创意的决定，迫使对方采取行动。他让他的船艉先漂向敌人，打赌如果他被迫与法舰交战，英国舰队的其他成员将不得不来救他。下午1点45分，他与3艘法国舰船交战，甘比尔不得不采取行动，派出2艘战舰和7艘护卫舰。经过一番厮杀，3艘法国舰船投降，数艘较小的法国船被船员点燃；剩下的船转移到夏朗德河的安全地带。第二天早上，甘比尔召回他的舰

甘比尔在艾克斯锚地海战中表现不佳，受到英国媒体的恶意嘲讽。

队，但科克伦看到任务尚未完成，决心继续战斗。两人之间传递了几条模棱两可的信息，直到甘比尔告诉科克伦返回舰队，然后派他带着加急战报返回英国。

科克伦受到英雄般的欢迎，并被授予骑士称号，但关于艾克斯锚地海战中未完成任务的谣言开始流传，并出现在《泰晤士报》上。当下议院提议正式投票感谢甘比尔时，身为议员的科克伦明确表示他会投反对票。甘比尔决定通过军事法庭来证明自己的清白，而军事法庭在很大程度是站在他这一边。军事法庭“以非常体面的方式宣告他无罪”，然后，用安德鲁·兰伯特教授的话说，“最好的解释是，议会对一个严重的错误给予感谢”。实际上，科克伦被指控犯有诽谤罪，这对他的海军生涯造成严重影响。整个事件被一个软弱的政府处理得很糟糕。

英美战争

The War of 1812

1812 年

1812 年 6 月，美国向英国宣战。英美关系多年来一直很紧张，托马斯·杰斐逊总统和他的继任者詹姆斯·麦迪逊均支持法国。到 1812 年，华盛顿的决策层普遍认为法国会取得胜利，从而削弱英国。美国人盯上了加拿大，加拿大的人口此时只有美国的十分之一。英国的造船业，尤其是皇家海军，从加拿大获得木材供应，而他们来自波罗的海的木材供应受到威胁。吞并加拿大将扩大美国的领土，同时扰乱英国的战争行动。

人们普遍认为，英国皇家海军强征美国海员在其战舰上服役，使事态更加恶化，尽管“从外国船只上征召其臣民”是当时许多国家的标准做法。英国和美国之间的一项特殊挑战是如何定义英国或美国公民：前者是根据出生，后者是根据居住时间。当时的美国公民没有正式的身份文件，虽然美国领事签发了非正式的公民身份文件，但英国官员对任何此类文书基本持怀疑态度。据估计，英国人以这种方式强征了大约 6500 名美国公民，虽然后来释放了大约 3800 人，但这一行为使两国的外交关系更加紧张。

特拉法尔加海战的胜利使皇家海军对海洋有了相当大的掌控，但英

英国皇家海军“香农”号战胜美国海军“切萨皮克”号。在1812年的战争中，双方的战争运气此消彼长，没有任何一方能给对方造成决定性打击。这最终导致英美两国寻求通过谈判来解决冲突。

国军队却忙于对法国的战争。作为对宣战的回应，英国首先对美国进行海上封锁，并从加拿大哈利法克斯派出5艘战列舰在沿海巡航。美国海军有11艘护卫舰，其中3艘，即“宪法”号、“总统”号和“美国”号，装备44门火炮。“宪法”号于1797年在波士顿建造，是新生的美国海军的6艘护卫舰之一，在两场战争中经历过战斗，并且在1812年的战争中取得了辉煌的战果。双方之间第一场大的遭遇战发生在8月，

美国海军"宪法"号对英国皇家海军"格雷尔"号的胜利，宣告美国成为世界海军强国。在一个寻求树立民族英雄和偶像来将国家团结在一起的新国家，被称为"老铁壳"的"宪法"号成为美国日益增强的自信心的重要象征。

当时装备38门火炮的皇家海军"格雷尔"号正在返回哈利法克斯进行维修，途中遭遇美国海军"宪法"号。当两艘船之间的距离拉近时，"格雷尔"号的侧舷火炮率先开火。尽管侧面被英军炮弹击中，但"宪法"号一直等到距离足够近时才开火。"宪法"号厚实的橡木船身提供了保护，这为它赢得了"老铁壳"（Old Ironsides）的绰号。艾萨克·赫尔舰长在瞄准"格雷尔"号的桅杆时采用了成功的战术，到下午7点，詹姆斯·戴克斯舰长投降。等“格雷尔”号上的人员离开后，美军就纵火烧船，使其沉没。这是美国海军一项了不起的成就，也是对英国的一次打击，但更多的打击还在后面。

10月，装备38门火炮的皇家海军护卫舰“马其顿人”号被斯蒂芬·迪凯特指挥的装备44门火炮的“美国”号俘获，这艘体积更大的美国军舰在战斗中打掉了对方的桅杆，并使其船体受损，导致该舰投降。迪凯特小心翼翼地保住了这艘船，并将它拖到罗得岛纽波特，在那里经过修理后，“马其顿人”号在不更名的情况下加入美国海军。迪凯特后来在1815年1月被英军俘虏。

1812年12月，“宪法”号在威廉·班布里奇船长指挥下离开巴西，12月29日下午2点，它遇到装备38门火炮的皇家海军舰艇“爪哇”号。“爪哇”号的一轮齐射对“宪法”号造成损坏，打伤了班布里奇，并击碎了船舵。尽管如此，“宪法”号还是逼近对方，用侧舷火炮实施了一轮射击，将“爪哇”号的前部索具摧毁。两艘船随后缠斗在一起，“宪法”号侧舷火炮的最后一轮射击结束了这场战斗。兰伯特船长和60名英国水兵战死，而“宪法”号上只有9人阵亡。

美国海军在接下来的几场单舰战斗中也取得胜利。1813年2月，“大黄蜂”号单桅帆船俘获皇家海军“孔雀”号双桅帆船，皇家海军军事法庭后来将这次损失归咎于“由于过去3年没有对船员进行使用火炮的练习，导致他们缺乏对准目标射击的技能”。对于驻扎西印度群岛的英国小型战舰而言，已经有很多年没有参加过大的战斗。一艘较弱的英国战舰在面对装备44门火炮的美国战舰时只有两个选择：逃跑或从远距离开火，使其桅杆失效。1814年3月，皇家海军的“菲比”号正是以这种方式俘虏美国护卫舰“埃塞克斯”号，但后一种选择并不是英国海军的传统。

1813年6月，皇家海军“香农”号与美国海军“切萨皮克”号在波士顿附近海域相遇。正如一位著名的历史学家所指出的，军舰是一套复杂的系统，系统中的一个弱点就可能导致失败。“切萨皮克”号的情况就是如此。满怀自信的詹姆斯·劳伦斯船长忽略了一个事实，那就是在战斗前没有让这艘战舰做好战斗准备。战斗伊始，“切萨皮克”号侧舷火炮的一轮射击造成顶帆桁掉落，导致该船转向迎风面，从而使英舰能够对准其甲板大肆倾泻火力，杀死了舰上大部分军官。英国人在这场战斗中获胜，但美国军舰在单舰作战中展示了相当高的技术。

1812 年的战争展现了美国海军的战斗素养和舰船的作战性能。到 1814 年，英国设法在美国东海岸建立了相当严密的封锁，但两国都试图从一场没有达到任何目标的战争中解脱。1814 年 12 月 24 日，双方代表在比利时签署了一项和平条约。战争结束时，外界认为美国海军的表现极为出色，其单舰作战行动获得了巨大成功。美国海军“宪法”号，即美国人所熟知的“老铁壳”，成为这个国家的象征，并一直服役到 1855 年。

俘获“爪哇”号。这一事件以及 1812 年战争中发生的多起事件，使皇家海军意识到它现在有一个不容小觑的对手，那就是美国海军。

纳瓦里诺海战
Battle of Navarino

1827 年

风帆战舰时代最后一场海战并不是在交战国之间进行，事实上，这场海战本身是混乱的，很可能是意外开始的。1827 年，各国在地中海地区的活动频繁。俄国人试图进入地中海，希腊人奋起反抗土耳其人，努力争取独立。虽然英国民众站在希腊人一边，但英国政府尽力进行外交斡旋，并对俄国的意图存有戒备心理。然而，俄国反对土耳其，支持希腊独立，法国也大力支持希腊人，因此英国、法国和俄国在 7 月缔结一份条约。9 月，土耳其指挥官口头同意停战，三国都派出海军部队进入希腊水域进行监督。土耳其人通过与叙利亚和埃及的帕夏结盟来巩固其地位。

负责指挥三国联合舰队的是英国皇家海军中将爱德华·科德林顿爵士，他是舰队中军衔最高的军官。俄国分舰队由海军少将德·海登指挥，法国分舰队由海军少将戈捷·德·里尼指挥。这支联合舰队总共包括 10 艘风帆战列舰、10 艘护卫舰和大约 12 艘其他船只。土耳其和埃及的舰队规模更大，但风帆战列舰数量少于对方。三国同盟军打算“在必要时通过炮击来执行作为条约目标的停战；目的是在可能的情况下通过喇叭喊话干预土埃联军并维持和平，但在必要时使用武力”。

易卜拉欣帕夏。这位埃及军事统帅在其漫长的职业生涯中既为奥斯曼土耳其人作战，又与之对抗，如今在他的祖国被尊为民族英雄。

土耳其舰队司令易卜拉欣帕夏命令其舰船在纳瓦里诺湾排列成行，并于9月25日与科德林顿和里尼会面。盟军提出进行调解，但易卜拉欣帕夏表示，在他知道苏丹对调解提议的回复之前，他不能离开此地。盟军随后撤离，只留下两艘护卫舰来监视土耳其舰队。

一支希腊海军舰队也在这一地区，但它不属于科德林顿的联合舰队。这支希腊舰队由科克伦勋爵率领，他是一名极具争议的英国军官，

爱德华·科德林顿。他在纳瓦里诺海战中的成功并没有为他赢得普遍赞誉。他的行动被英国政府中的一些人视为过于鲁莽，因为这场战役虽然在军事上削弱了土耳其人，但也增强了英国另一个主要地区对手——俄国的实力。

在智利努力争取独立时曾与智利海军合作过。易卜拉欣帕夏派船要求科克伦和他的希腊舰队撤退，但中途被科德林顿的军舰拦截。

考虑到口头条约已经到期，陆地上的土耳其军队在希腊烧杀抢掠，并袭击了皮洛斯镇。出于对局势的担忧，科德林顿决定返回纳瓦里诺湾展示武力，并试图遏制土耳其舰队。当时的天气不适合进行封锁，所以他决定率舰队进入海湾。一位目击者描述了当时的情景："就在我们到达港口入口时，一艘土耳其船驶来，告知海军上将，没有易卜拉欣帕夏的允许，任何船只都不得进入。海军上将回答说，他是来下达命令而不是来接收命令的，如果他们胆敢向我们的任何一艘船开一枪，他就会摧毁整个土耳其舰队。"

在科德林顿带领下，联合舰队驶入纳瓦里诺湾并在土耳其－埃及舰队附近停泊。当时局势非常紧张，在此过程中，"达特茅斯"号向土耳其的一艘火攻船派出一艘小船，要求他们保持距离。土耳其人认为这艘船有敌意，于是开火，杀死了船上的军官。"达特茅斯"号船长下令进行火力掩护，帮助小船上的船员返航，听到炮声的其他舰船也纷纷开火。当时场面非常混乱，到处都是不分青红皂白的射击，火攻船在四面八方都造成了混乱。岸上的炮台也不甘示弱，纷纷开火。有目击者描述道："炮弹像冰雹一样向港口的各个方向飞去，港口就像一大锅翻滚的开水。土耳其人打得异常顽强，比我们预期的要顽强得多。"

战斗持续了大约 4 个小时，土耳其舰队大部分被摧毁，估计有 4000 名土耳其人死亡或受伤，而联合舰队的损失是 172 人死亡，485 人受伤。一位不知名的目击者报告了事后的情况：

> 一位帕夏曾与海军上将在一起，并坚称这些火攻船不属于他们的舰队，它们属于对他们来说是陌生人的莫迪亚人。我认为他说的不对——我们在进入港口之前就知道它们是火攻船；我们也知道它们的位置，舰队的双桅帆船得到的命令是首先保护它们……我忘了说，所有投降的土耳其船只在战斗的第二天

《纳瓦里诺海战》，由法国艺术家安布罗伊斯·路易斯·加内雷创作。加内雷的与众不同之处在于，他自己也曾是一名水手，而且还做过一段时间海盗。所以毫不奇怪，他的作品几乎只涉及航海主题。

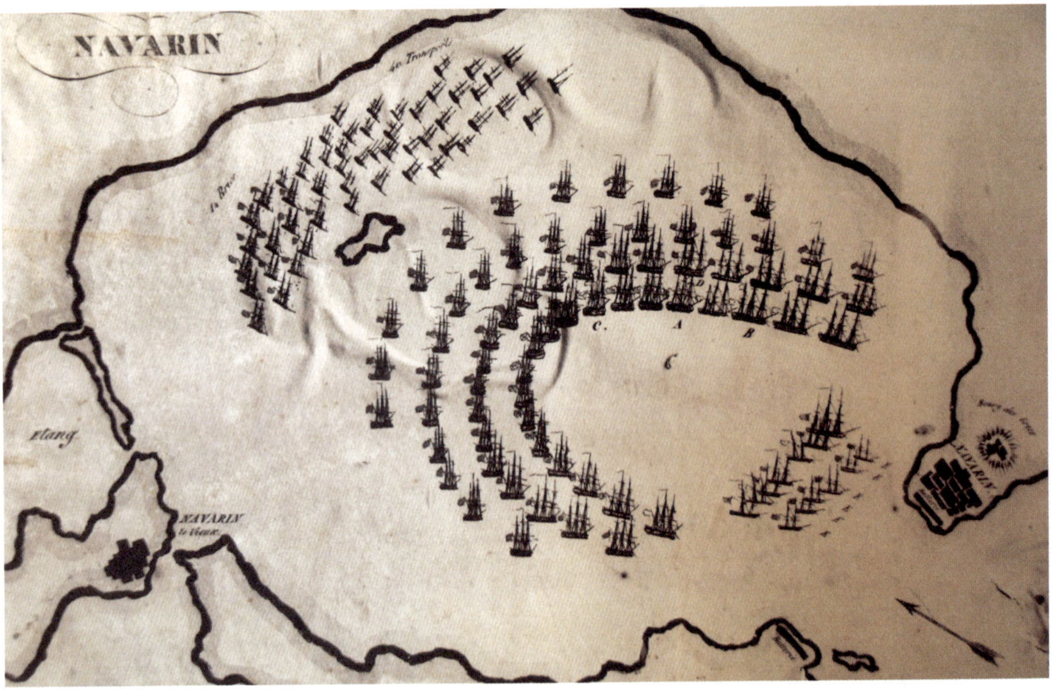

纳瓦里诺海战的作战计划图。虽然舰船的排列看起来很整齐，但战斗本身却是以一种混乱的方式开始、进行和结束的。

纳瓦里诺海战纪念币。英国海军通常会在取得重大胜利时铸造纪念币和纪念章，纳瓦里诺海战也不例外，即使官方对这场战役持矛盾态度。

为了从奥斯曼帝国统治下赢得独立，希腊及其盟友进行了一系列斗争，纳瓦里诺海战正是其中的一部分，这项事业受到英国民众的大力支持。

就被我们的船只摧毁。俄国人带走了部分战利品和几个俘虏；但英国人，据说还有法国人，没有带走任何东西。

纳瓦里诺海战完全是一场混战，但这次行动确保希腊作为独立国家而继续存在。科德林顿得到了俄国和希腊的嘉奖，海军大臣克拉伦斯公爵坚持要给他授勋。但整个事件在政治上是有争议的，让政府中的一些人，包括国王感到尴尬。令科德林顿非常惊讶的是，他被召回伦敦，并于 1828 年 6 月被解除指挥权，不过他后来在其他指挥岗位重新开始他的海军生涯。

汉普顿锚地海战
Battle of Hampton Roads

1862 年

铁甲舰之间的第一场海战发生在美国南北战争期间，在此期间海战的性质发生了改变。这场史诗般的海战有两艘战舰参与，南方邦联的“弗吉尼亚”号（前“梅里马克”号）是由木制蒸汽船改装而成，而北方联邦海军的“莫尼特”号则是专门建造的铁甲舰。

木材仍然是海军舰艇的主要建造材料，但在铁的使用方面也有很多试验。第一艘由螺旋桨驱动的大型全铁船是 1843 年下水的“大不列颠号”蒸汽船，但世界各国海军在采用铁作为军舰建造材料方面进展缓慢。1859 年，法国建造了“光荣”号，成为第一个建造木制船体铁甲战舰的国家，而英国皇家海军在 1860 年下水了第一艘全铁战舰“勇士”号及其姊妹舰“黑太子”号。上述舰艇的外观都采用常规设计，但来自美国的“莫尼特”号铁甲舰则采用完全不同的外观设计。

美国早在 1840 年就考虑过铁甲舰，并在 1854 年投资建造了一艘名为“史蒂文斯炮台”的实验船，这艘船采用非常先进和复杂的设计，融合了许多新理念。然而，由于当时的美国是新兴国家，工业资源有限，这艘船从未完工。然而，内战的爆发带来了需求，促使交战双方在军舰设计方面进行创新。南方邦联几乎没有海军，而 5 艘北方联邦军舰封锁了切萨皮克。后来南方邦联打捞了一艘沉没的木制护卫舰，即美国海军“梅里马克”号，它是被北方联邦军故意凿沉的。“梅里马克”号是蒸汽动力螺旋桨护卫舰，于1855年在波士顿建造，它几乎是新船，但发动机不可靠。南方邦联在“梅里马克”号的船身覆盖一层厚厚的铁板，船头加装了铁制撞角，船上还配备了武器，但对它的发动机却无能为力，因为他们没有设施来为其重新安装发动机。“梅里马克”号的速度很慢，但全副武装。由负责詹姆斯河海防经验丰富的海军军官布坎南上校亲自

“莫尼特”号炮塔，拍摄于1862年7月。炮塔就像一座碉堡，里面有该船的火炮，是船上唯一的水手在吃水线以上操作的部分。

"莫尼特"号设计师约翰·埃里克松。作为瑞典裔美国发明家，他的其他成就包括开发鱼雷技术和早期太阳能电池板原型。

指挥，他设法从当地海员和部分陆军人员中召集350人充当船员。

这是一场与时间的赛跑，因为北方联邦正在纽约建造一艘新的、令人生畏的铁甲战舰。与"梅里马克"号/"弗吉尼亚"号不同的是，"莫尼特"号在一开始就被设计成铁甲舰，并采用了全新的原则。它的设计师、瑞典的约翰·埃里克松，是一位著名的发明家。"莫尼特"号吃水10.3英尺（3.1米），其甲板只高出吃水线一点点，船上只有50名船员，而"弗吉尼亚"号的船员超过300人。一则新闻报道将其描述为：

> ……一艘又长又宽且平底的船，侧面垂直并且两端有活动接头，吃水很浅。船身两侧装有坚不可摧的装甲，甲板是防弹的。它露出水面的部分非常低矮，令敌人难以瞄准，并且船上所有的物品和人员都在吃水线之下，但操作火炮的人除外，他们受到放置火炮的防弹炮塔的保护。

“莫尼特”号的船体形状非常奇怪，但与比它大得多的对手一样坚固，而且更加灵活。“莫尼特”号航行所需的水深仅为“弗吉尼亚”号的一半，并且有大型旋转炮塔，里面有两门11英寸（28厘米）火炮。它的建造速度非常快，1861年10月25日开始动工，1862年1月30日下水，2月25日服役。海军少校沃登担任“莫尼特”号指挥官，并于3月6日起航前往切萨皮克。两艘木制蒸汽船将其拖出纽约港。然而，人们很快就发现，它不太适合航海，在恶劣的天气下很快就进水了。尽管如此，“莫尼特”号还是在3月8日晚些时候驶入切萨皮克湾。

当天上午，南方军将“弗吉尼亚”号从其停泊处拖出。新闻报道描述了当时的情景：“船舷、船艏和船艉……都覆盖着倾斜的铁板，这些铁板延伸到吃水线以下两英尺，在上面交汇，就像房子的屋顶。在船艏的吃水线位置，有两个尖锐的铁尖，看上去像船头，相距六七英尺。”

在两艘南方邦联汽船“约克城”号和“詹姆斯敦”号陪同下，“弗吉尼亚”号直奔执行封锁任务的北方联邦军舰“坎伯兰”号和“国会”号而去，它们对这次攻击毫无准备。即使“弗吉尼亚”号接近至100码（91米）的距离，这两艘北方联邦军舰也无法对它的铁甲舰体造成任何影响。“弗吉尼亚”号用它的铁制撞角撞向“坎伯兰”号，脱离接触后又用侧舷火炮向其开火，然后再次撞向它，将其击沉。与“詹姆斯敦”号交战的“国会”号举白旗投降。尽管布坎南的船非常笨重，但他取得

“弗吉尼亚”号击沉“坎伯兰”号，“坎伯兰”号疑似为第一艘被铁甲舰击沉的军舰。

富兰克林·布坎南。布坎南是南方军中最优秀的海军指挥官，也是南方邦联唯一被正式任命为海军上将的人。

了巨大的成功。北方军有两艘船被摧毁，一艘受损，有 250 人伤亡，而布坎南的船员中只有 21 人伤亡。腿部受伤的布坎南指挥“弗吉尼亚”号撤至靠近南方军大炮的位置。在这个阶段，“莫尼特”号抵达汉普顿锚地，此时天色已暗。

次日破晓时分，由琼斯上尉接替指挥的“弗吉尼亚”号向海湾对面驶去，准备彻底摧毁北方联邦舰队，但“莫尼特”号证明了它的价值，它比“弗吉尼亚”号更容易操纵，还能在更浅的水域作业。随后的战斗

“莫尼特”号与“弗吉尼亚”号交战。这两艘船看起来更像是早期的潜艇，它们标志着海战新时代的到来。

耗费了大半个上午时间。琼斯发现他对“莫尼特”号的破坏力很小，就把目标放在“明尼苏达”号上，同时试图避开“莫尼特”号。糟糕的机动性导致“弗吉尼亚”号搁浅，但它的一发炮弹侥幸使“莫尼特”号的沃登舰长暂时丧失指挥能力。这发炮弹击中他的驾驶室，导致他的眼睛受伤，这为“弗吉尼亚”号赢得了时间，使其得以脱身并撤回到南方军一侧。

两艘船均未严重受损，但这场海战对北方联邦来说是一场战略上的胜利，汉普顿锚地北岸继续在其控制之下。这两艘船后来再也没有相遇。到了 5 月，约克城被北方军占领，南方军放弃了该城，并摧毁了“弗吉尼亚”号。布坎南获得晋升，成为南方军中最受尊敬的海军军官，并被公认为是一位积极进取的指挥官，无论敌军实力如何，他都敢于挑战。他于 1870 年在马里兰州去世。约翰·沃登进行了长时间的疗养，在此期间，林肯总统探望了他，并转达了国会的感谢。1862 年 7 月，沃登被提升为指挥官。

瑟堡海战

Battle of Cherbourg

1864 年

美国内战期间，有一场重大海战不是发生在美国海域，而是发生在英吉利海峡。这并非大型舰队之间的战斗，而是两艘船在好奇的观光客和游客面前进行的决斗。

虽然英国官方在美国内战期间保持中立，但英国造船厂却为南方邦联建造船只。1862 年 8 月，利物浦附近伯肯黑德的卡姆梅尔·莱尔德造船厂下水了一艘装有辅助蒸汽机的三桅船，据说原本是为土耳其海军准备的。这艘新船出海试航，随后被带至亚速尔群岛并被交付给它的新主人——南方邦联海军。它的指挥官拉斐尔·塞姆斯上尉接受了伦敦“阿格里皮”号提供的枪炮、弹药和煤炭，并将其正式命名为南方邦联海军“阿拉巴马”号。塞姆斯和他的船员随后驾船出发，目标是北方联邦的商船。南方没有北方所拥有的海军资源，因此将袭击商船作为一种对北方施压的手段，破坏其海上贸易。塞姆斯此前曾指挥“森普特”号取得辉煌战果，摧毁了 17 艘北方联邦商船。现在，他又指挥“阿拉巴马”号俘获 26 艘商船，北方联邦船主们为了保护他们的商船，明智地开始将船上的国旗更换为外国国旗。

随着他在大西洋的成功，塞姆斯转战南大西洋并进入印度洋。到

拉斐尔·塞姆斯船长在南方邦联海军“阿拉巴马”号上。塞姆斯因其独特的翘八字胡而被称为“老蜜蜡”，外界评价他是历史上最成功的商船袭击者之一。内战结束后，他成为哲学教授，后来又成为报纸编辑。

“基尔萨奇”号与“阿拉巴马”号交战，游船和观光客在一旁观看。

从“基尔萨奇”号甲板上看到的景象，表现了海上冲突的热度和烟雾以及有组织的混乱。

1864年夏天，他率领“阿拉巴马”号返回欧洲，6月11日，他到达瑟堡并请求入港维修。

这引起了中立国法国的担忧，法国海军船坞的副司令虽然允许该舰进入港口，但不确定船坞的设施是否可以供其使用。因此，他将维修请求转呈巴黎。由于电报在欧洲的普及，此时的陆上通信相当快捷，在弗拉兴的“基尔萨奇”号收到了美国驻巴黎领事发出的关于“阿拉巴马”号下落的消息。“基尔萨奇”号因此向正南方向驶去，抵达瑟堡附近海面。塞姆斯被困在港口，如果他留下来，就有可能被扣押，尽管他的船状态不佳，他还是决定出海战斗。由于知道可能的结果，他把所有的文件都留在了岸上。

关于两艘船之间可能发生冲突的消息传开了。一艘排水量190吨的英国蒸汽游艇“猎鹿犬”号出现在现场，更离奇的是，据报道，一列载有1200名巴黎人的旅游火车来到岸边观看这一壮观场面。“阿拉巴马”号于上午10点30分出海，直接驶向“基尔萨奇”号。而“基尔萨奇”号也刚从港口出来，船上装备两门100磅（45公斤）火炮。此外，“基尔萨奇”号船长约翰·温斯洛曾经是塞姆斯的朋友，他用锚链将这艘木船的脆弱部分保护起来，并用木板将这一保护措施隐藏。“阿拉巴马”号的速度优势由于其缺乏维修而受到影响，但它首先瞄准对手的索具开火。每艘船都想方设法航行至对方船艉后方，这样就可以从最不受保护的角度发起攻击，双方在观众注视下相互绕行。在机动过程中，两艘船在四分之一到半英里（0.4—0.8公里）的距离内绕了7个整圈。“基尔萨奇”号的优势在于它的船员训练有素，射击也更准确。1小时后，“基尔萨奇”号的一发炮弹损坏了“阿拉巴马”号发动机，塞姆斯意识到这就是最终结局。为了尽可能多地挽救他的船员，他下令投降，但他们只有1艘救生艇可以使用。

私人游艇“猎鹿犬”号上的观众目睹了这一切，兰开夏郡煤矿主约翰·兰开斯特和妻子以及女儿、两个儿子和一个侄女在这艘游艇上。到下午12点30分，“阿拉巴马”号开始下沉。“猎鹿犬”号立即向它驶去，当它经过“基尔萨奇”号时，温斯洛船长喊道：“看在上帝的分上，尽你所能去救他们。”当“猎鹿犬”号还在200码（183米）的距离时，“阿拉巴马”号沉入海中，“猎鹿犬”号随后放下救生艇，成功救出了39人，包括船长和13名军官。“基尔萨奇”号派出的两条救生艇救起了大约70名其他幸存者。“阿拉巴马”号的损失是2人溺亡，6人战死，“基尔萨奇”号上有1人战死。“基尔萨奇”号将获救的幸存者带到瑟堡，而“猎鹿犬”号则前往最近的英国港口南安普敦。

这幅同一时期的交战示意图清楚地描绘了两艘战舰在开火前小心翼翼地互相绕行的次数。

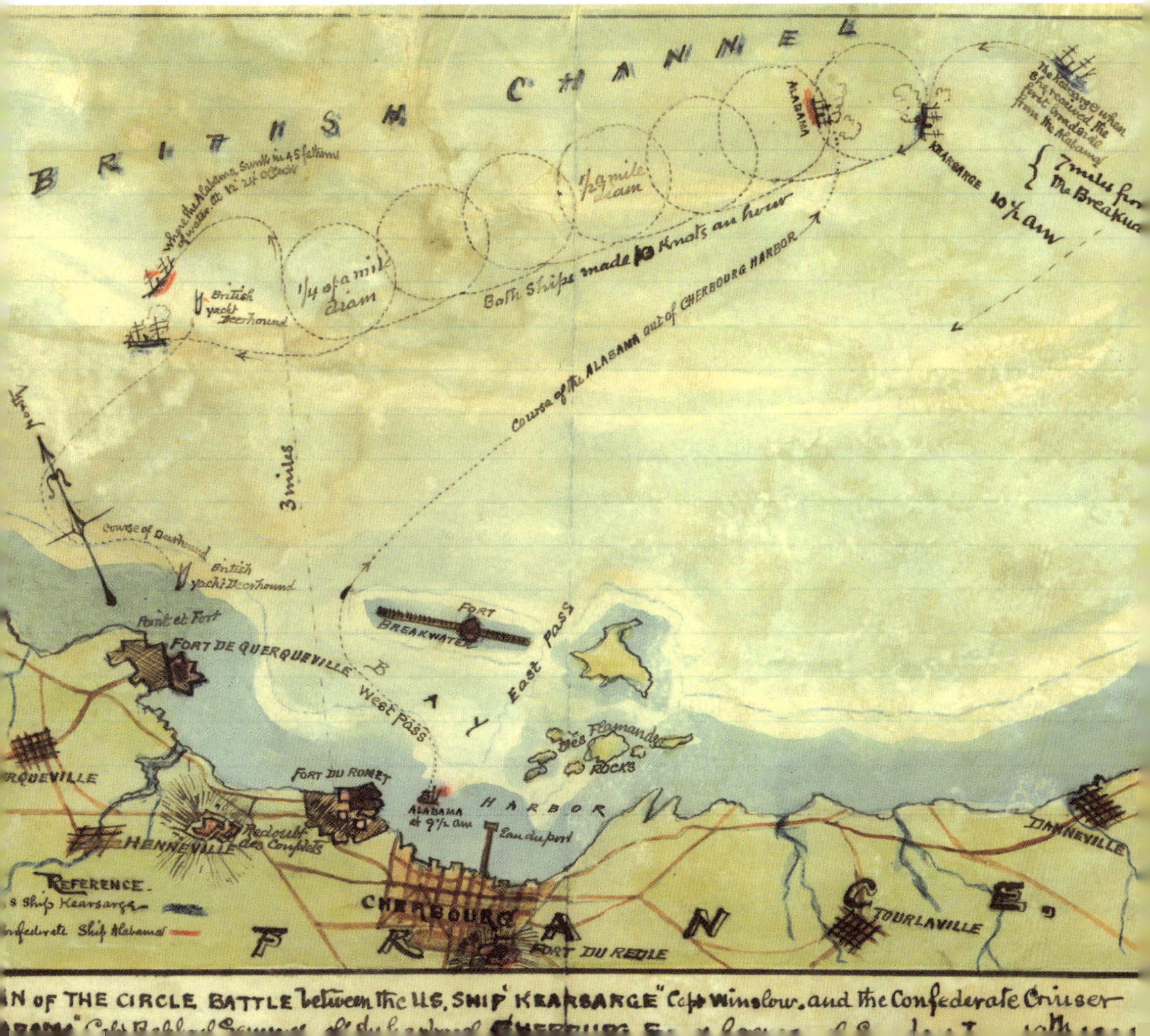

塞姆斯和他的手下感谢兰开斯特的帮助。“先生们，”兰开斯特回答道，“你们不必特别感谢我。如果其他人需要的话，我也会为他们做同样的事情。”“猎鹿犬”号的干预受到了匿名写信者的严厉批评，并激怒了温斯洛船长，他坚决认为“猎鹿犬”号应该把塞姆斯和他的手下作为战俘交给他。美国大使收到了一份电报，指示他“要求英国政府归还塞姆斯和他的海盗同伙”，并进一步宣布“猎鹿犬”号将他们带到南安普敦是对美国的敌对行为。但兰开斯特捍卫了他的原则，英国政府也拒绝了美国政府的要求。在法国，人们对登陆法国国土的人也持同样的态度。

“猎鹿犬”号救出“阿拉巴马”号上的幸存者。美国北方联邦的一些人将其看作英国在美国内战中偏袒南方邦联的证据。

塞姆斯在英国成了名人，在欧洲游览了几个月后，他回到南方邦联受到英雄般的欢迎，并被任命为海军少将。约翰·温斯洛因失去战俘而受到批评，甚至被指责为背叛者，但击沉“阿拉巴马”号使他成为英雄。他被提升为准将，纽约商会向他赠送了25000美元的礼物，感谢他消灭了一个臭名昭著的商船袭击者。

约翰·温斯洛准将。美国内战开始时，温斯洛是一名海军老兵，他与他的对手拉斐尔·塞姆斯非常熟悉，两人曾在1846—1848年的美墨战争中作为下级军官一起服役，并同住一个船舱。

马尼拉湾海战
Battle of Manila Bay

1898 年

在马尼拉湾，美国海军取得了他们历史上最彻底的胜利。他们在太平洋上摧毁了西班牙舰队，既没有损失一兵一卒也没有损失一艘船。19 世纪最后 10 年，列强都在争夺对东南亚港口的控制权。俄国人控制了中国旅顺港，这让英国人非常不满，而在菲律宾，当地人民试图摆脱西班牙的统治。在美洲，西班牙和美国在古巴问题上关系紧张，古巴也发生了反对西班牙统治的起义，而美国的民意是非常反西班牙的。美国海军日渐成为一支重要的海军力量，“缅因”号是其最新的战列舰之一。1898 年 2 月，“缅因”号在哈瓦那执行外交任务，以便在暴乱者袭击美国财产时提供支持，一场爆炸撕裂了该舰，造成 250 名官兵死亡。这一事件是麦金莱总统决定向西班牙宣战的关键因素。

美国政府的注意力转向了东南亚和西班牙控制的菲律宾。美国需要合适的人选来指挥其亚洲驻军。海军部副部长、精力充沛的西奥多·罗斯福心中已有心仪的人选，但这个人不是豪厄尔准将，他对此人的评价是：“……一个可敬的人，一个极具创造力的人，但我很少遇到一个人，能让我觉得不太适合担任需要肩负责任的职位。他优柔寡断，而且非常害怕承担责任。”

乔治·杜威。作为美国最伟大的军事指挥官之一，他是美国历史上唯一获得海军特级上将军衔的人。马尼拉湾海战后，杜威非常受欢迎，他甚至考虑竞选总统。

罗斯福希望乔治·杜威准将担任这一职务。杜威长期在海军服役，最近他以检查和测量委员会主席身份常驻华盛顿，主持5艘美国战列舰的建造。经过一番谨慎的运作，罗斯福如愿以偿，杜威获得总司令职位。

在与西班牙的冲突中，美国一直在计划对菲律宾发动攻击，但这种远程作战行动需要大量的预先准备。美国驻马尼拉领事提供了许多有用的当地信息，直到西班牙政府告知他离开。美国和西班牙互相宣战，这一信息于4月23日传达给杜威。杜威的舰队当时已经在中国香港附近驻扎，他收到的正式命令是："立即前往菲律宾群岛。开始特别针对西班牙舰队的作战行动。你必须夺取或摧毁舰船。要尽最大努力。"

“缅因”号战舰的残骸。目前还不清楚“缅因”号是如何被击沉的，据说它的弹药库发生了火灾，但美国媒体和政客们以此为借口煽动政府开战。“记住‘缅因’号！让西班牙见鬼去吧！”成为流行的集会口号。

杜威的亚洲舰队拥有“奥林匹亚”号、“波士顿”号和“罗利”号铁甲巡洋舰，还有来自旧金山的“康科德”号和“巴尔的摩”号，以及武装缉私艇“麦卡洛克”号。他还购买了运煤船“南山”号和英国补给船“扎菲罗”号，并将它们纳入他的舰队。舰队驻扎在中国香港附近的大鹏湾，4 月 27 日，领事奥斯卡·威廉斯与杜威会合，随后舰队出发前往马尼拉。

帕特里西奥·蒙托霍海军少将是西班牙海军在菲律宾的总司令。他的舰队由 7 艘无装甲的舰船组成，最大的船是木制船。此外，它们的状况很差，没有得到很好的维护和修理。海岸防御也很薄弱，所以蒙托霍少将决定在马尼拉湾迎战对手。5 月 1 日，杜威的舰队在通过海岸炮台扼守的水域后，在马尼拉湾与西班牙舰队相遇。蒙托霍将战舰停泊在浅水湾，因为他知道自己的火炮数量不足，希望手下的官兵能在这场他认为毫无希望的战斗中更容易获救。

清晨，杜威的舰队向马尼拉湾驶去，天亮后，他们看到了马尼拉湾内的西班牙舰队。岸上的炮台向美军开火，但炮弹射程不够，打不到他们。西班牙人的一艘小型鱼雷艇从队列中出来，向他们驶去，但被赶了回来，最终受损，不得不靠岸。“奥林匹亚”号带领纵队冲向西班牙舰船，火炮击中了西班牙舰队旗舰“雷娜·克里斯蒂娜”号和其他舰船。早上 7 点 35 分，杜威被告知弹药不足，于是他下令舰队回撤，然后冷静地让所有人去吃早餐。当下属报告说他们实际上弹药充足时，杜威命令对西班牙舰船进行第二次攻击。西班牙舰队的大部分舰船着火并被遗弃，只有“唐·安东尼奥·德·乌略亚”号和几座海岸炮台还在开火。最终，杜威的舰队攻击并完全摧毁了西班牙舰队，而他们只受到有限的损害。

杜威通过一个中间人（一艘英国商船船长）与马尼拉的西班牙总督取得联系，他提出暂停对马尼拉的轰炸，条件是岸上的炮台停止射击。总督同意了这一建议，但拒绝了允许美国人使用电报的请求，所以杜威切断了电报线。结果，杜威的战报在一周后才通过中国香港发往华盛马尼拉湾海战。这是一场一边倒的战斗，它确立了美国作为一个实力不断增长的帝国主义国家的地位，特别是在东南亚。

REINE CHRISTINA

顿。与此同时，杜威不得不封锁马尼拉，同时等待国内派出可以夺取和控制马尼拉的部队。

1898 年 6 月，美国入侵古巴，首都圣地亚哥的西班牙守军投降。一支 10000 人的美国部队最终在 8 月兵不血刃地拿下马尼拉。在随后的和谈中，菲律宾和古巴均被割让给美国。杜威因这场对西班牙舰队的完全胜利而成为美国的民族英雄。

所有参加马尼拉湾海战的美国人都获得了印有乔治·杜威头像的奖章。每枚奖章的背面均刻有每名获奖者所服役的舰船名字。

对马海战

Battle of Tsushima

1905 年

1904 年 2 月，几艘停泊在中国旅顺港外的俄国军舰意外遭到日本鱼雷艇的袭击。3 小时后，日本正式向俄国宣战，并在此次突袭后封锁了这座港口，派部队和火炮登陆，从而将剩余的俄国舰船封堵在港口内。俄国需要迅速向该地区提供增援，但地理条件是一个严重的限制。

幅员辽阔的俄国一直渴望获得出海口。它可以通过波罗的海进入大洋，但在黑海，通过达达尼尔海峡进入地中海的行动受到限制。在远东地区，俄国的海参崴港在冬季无法进入，因此它在 1898 年强迫中国签订租约，在北京以东约 250 英里（400 公里）的旅顺港建立了基地。与此同时，日本占领了朝鲜半岛，而俄国在那里有采矿和伐木的利益。

旅顺港遭遇偷袭后，俄国的回应是派遣波罗的海舰队。俄国拥有一支老化舰队，但正在建造新的战列舰来应对日本的威胁。到 1904 年 9 月，俄国有了 4 艘新战列舰。波罗的海舰队的指挥官是 56 岁的罗杰斯特文斯基上将，他的军事经验主要是作为参谋，在海上的时间有限。俄国舰队由 45 艘舰船组成，包括多艘运输船和 1 艘医疗船，于 10 月

海军上将罗杰斯特文斯基。在对马海战的大部分时间里，他受伤并失去知觉，但他还是承担了舰队战败的全部责任。尽管军事法庭证明了他的清白，但他从未完全恢复健康和声誉，1908 年死于心脏衰竭。

14 日离开波罗的海，罗杰斯特文斯基的旗舰“苏沃洛夫”号是排水量 13500 吨的新战列舰。俄军的计划是先组建舰队，然后在经由好望角前往海参崴的漫长航程中训练船员。这段距离将近 18000 英里（28968 公里），沿途没有俄国海外基地，而且国际上有严格的规定，中立国只能向敌对双方提供非常有限的支持。

俄国舰队在摩洛哥北部的丹吉尔停留并补充燃煤。随后舰队一分为

“三笠”号上的东乡平八郎。对马海战中，训练有素的日本海军大大出乎俄国人的意料，并将其彻底击败。

二，福克萨姆少将率领一支分舰队通过苏伊士运河。两支分舰队将在马达加斯加再次会合，在全世界注视下，俄国舰队向好望角进发。福克萨姆走的是一条近路，首先到达指定会合地点，到 1905 年 1 月中旬，舰队的其他成员也加入其中。罗杰斯特文斯基的舰船在途中经常遇到机械故障，并在沿途获取燃煤补给时遇到了困难。福克萨姆的舰船也需要修理，才能对付训练有素、装备精良的日本海军。日本海军已经做好了战

对马海战。除了终结俄国在中国和东亚的帝国野心外，这场战役还突显了俄国的军事和政治弱点，导致了 1905 年圣彼得堡的血腥革命，削弱了沙皇的威信，并在俄国建立起一定程度的议会统治。

斗准备，以逸待劳，坐等俄军前来，他们刚刚完全占领了旅顺港，摧毁了港口内的俄国舰船。

罗杰斯特文斯基收到通知，内博加托夫少将率领更多的舰船从圣彼得堡出发，赶来增援，但这些舰船过于老旧，不适合现代战争。罗杰斯特文斯基认为他们是潜在的负担，提供不了什么帮助，不愿意被他们拖累，于是率舰队尽快离开马达加斯加，并在 4 月前穿越印度洋，驶过马六甲海峡。这支以煤为燃料的舰队从马达加斯加出发，不间断地航行了 4500 英里（7242 公里），穿过马六甲海峡，在今越南的金兰湾停泊，但在这里，罗杰斯特文斯基接到上级的严令，命令他等待内博加托夫那支老旧的舰队。

经过两周的延迟，俄国联合舰队离开中国上海，准备最后一次航行。要到达海参崴，有几条路线可供选择，最直接的是通过朝鲜海峡，但也是最危险的。与日本舰队的相遇不可避免。老天爷似乎是站在俄国舰队一边，海面时常有雾，他们排成纵队向对马岛和日本本土之间的通道前进。然而，一艘日本侦察巡洋舰发现了俄军，并利用无线电技术向东乡平八郎大将发送一条信号，内容是 :“敌舰队在第 203 号海域出现，显然正在向东部海峡前进。”

东乡平八郎大将在旗舰“三笠”号上坐镇指挥，他有 6 艘战列舰和 6 艘装甲巡洋舰，还有一支由巡洋舰和驱逐舰组成的舰队供他调遣。东乡平八郎时年 58 岁，英语很好，他曾作为学员在英国待了 7 年。东乡平八郎把舰队放置在对马海峡中央，等待俄国舰队。1905 年 5 月 27 日下午 1 点 45 分，俄国舰队出现，双方指挥官向各自的舰队发出信号。

东乡平八郎命令由重型战舰组成的队列转向，与逼近的俄国舰队成直角，并派其他舰艇去攻击其后方。双方相距 9000 码（8.2 公里）时，罗杰斯特文斯基下令开火，但东乡平八郎一直等到相距 6500 码（6 公里）时才下令开火，重点攻击俄军两支分队的旗舰。不到 20 分钟，其中一艘旗舰“奥斯利雅维亚”号遭到重创，并开始下沉。几分钟后，另一艘旗舰“苏沃洛夫”号也失去作战能力。开战仅 30 分钟后，日本舰队的大口径火炮和高效瞄准就占据上风。下一艘遭受日军集中火力轰击的战舰是“沙皇亚历山大三世”号，它倾覆沉没，只有4名幸存者。

到下午5点，残余的俄国舰船仍然受到日军从东面和南面发起的攻

海军大将东乡平八郎。他是日本最伟大的现代海军指挥官，在对马海战后被西方媒体誉为“东方纳尔逊”。他并不倾向于反对，并在日记中写道：“我坚信，我是霍雷肖·纳尔逊的再世。”

击。受伤的罗杰斯特文斯基上将将指挥权移交给内博加托夫少将，命令他前往海参崴。内博加托夫试图率领几艘船强行北上，其中包括2艘最现代化的战舰："博罗季诺"号和"奥雷尔"号。东乡平八郎的舰队对其展开追击，"博罗季诺"号中弹并发生爆炸。夜幕降临，分散的俄国舰队消失在黑暗中，东乡平八郎命令鱼雷艇开始行动。此时，战场长达150英里（241公里）。次日早晨，日军包围了俄国舰队的残余部分。内博加托夫下令投降，罗杰斯特文斯基的舰队最后只有2艘驱逐舰和1艘轻巡洋舰抵达海参崴。

日军损失了大约600人，1艘装甲巡洋舰和2艘轻巡洋舰受损，6艘驱逐舰需要修理。另一方面，俄国舰队被歼灭，大约有6000名俄军官兵丧生。罗杰斯特文斯基被日本人俘虏，在他住院期间，东乡平八郎大将前来探望。

俄国战舰"奥斯利雅维亚"号，是对马海战中第一艘被击沉的船。它也是第一艘在战争中被击沉的全钢制战舰。

《泰晤士报》评论道：“此役确立了日本对其对手的海上霸权，这一点没有任何争议。”其他媒体则对俄国这次代价高昂的灾难性冒险进行了评论：“从日本海之战中得出的教训是，拥有优良稳定性的大型战舰对于现代海战是十分必要的，船员必须在任何天气条件下接受长期的射击训练，神射手具有与优秀海军将领相同的价值。”

3 周后，罗斯福总统促成了两国之间的和平条约，该条约要求俄国人撤离中国旅顺港和东北地区。在俄国，这次灾难性的海军远征导致了 1905 年革命。在国际上，东乡平八郎大将成为备受敬仰的大英雄，于 1906 年获得了英国国王爱德华七世颁发的大英帝国勋章。东乡平八郎还将自己与纳尔逊上将相提交论。

福克兰群岛海战
Battle of the Falkland Islands

1914年

1914年11月，海军中将马克西米利安·冯·施佩率领德国海军东亚舰队从西太平洋前往智利海岸。该舰队由2艘大型装甲巡洋舰“沙恩霍斯特”号和“格奈森瑙”号，加上轻巡洋舰“莱比锡”号和2艘快速侦察巡洋舰“纽伦堡”号和“德累斯顿”号组成。在智利科罗内尔港附近，他们遇到了由海军少将克里斯托弗·克拉多克爵士指挥的英国分舰队，后者有2艘大型装甲巡洋舰“好希望”号和“蒙茅斯”号，以及轻巡洋舰“格拉斯哥”号和由远洋客轮改装的辅助船“奥特朗托”号。德国人凭借他们的重型武器和训练有素的炮手，击沉了英国2艘大型巡洋舰，舰上人员损失惨重，另外2艘船则侥幸逃脱。

这次失败对英国来说是一个打击，因为他们对自己的海军抱有很大期望。48小时前，海军上将约翰·费希尔爵士被任命为第一海军大臣，他对这一消息反应迅速，派出2艘战列巡洋舰“无敌”号和“不屈”号，前往南大西洋，由海军中将多夫顿·斯特迪指挥。斯特迪随后与斯托达特少将的3艘装甲巡洋舰“卡纳封”号、“康沃尔”号和“肯特”号，以及2艘轻巡洋舰“布里斯托尔”号和“格拉斯哥”号汇合。“格拉斯哥”号指挥官是在科罗内尔战役中幸存的卢斯上校。这支英国

海军上将冯·施佩。他在此战中担任德军指挥官，最后和两个儿子一起战死。

舰队在巴西海岸附近集结，然后南下，驶向福克兰群岛。虽然他们试图节省燃料，但卢斯还是敦促整支舰队快速前进，因为他认为速度至关重要。他们于 12 月 7 日到达斯坦利港。

与此同时，德国人在 11 月份一直留在智利，并且非常清楚皇家海军所带来的风险。即便如此，他们认为对集中在南大西洋的英国航运造成进一步损害的机会不容错过。德军于 11 月 26 日出发，途中遭遇恶劣天气，最终于 12 月 1 日绕过合恩角。次日，德军俘获一艘满载煤炭的

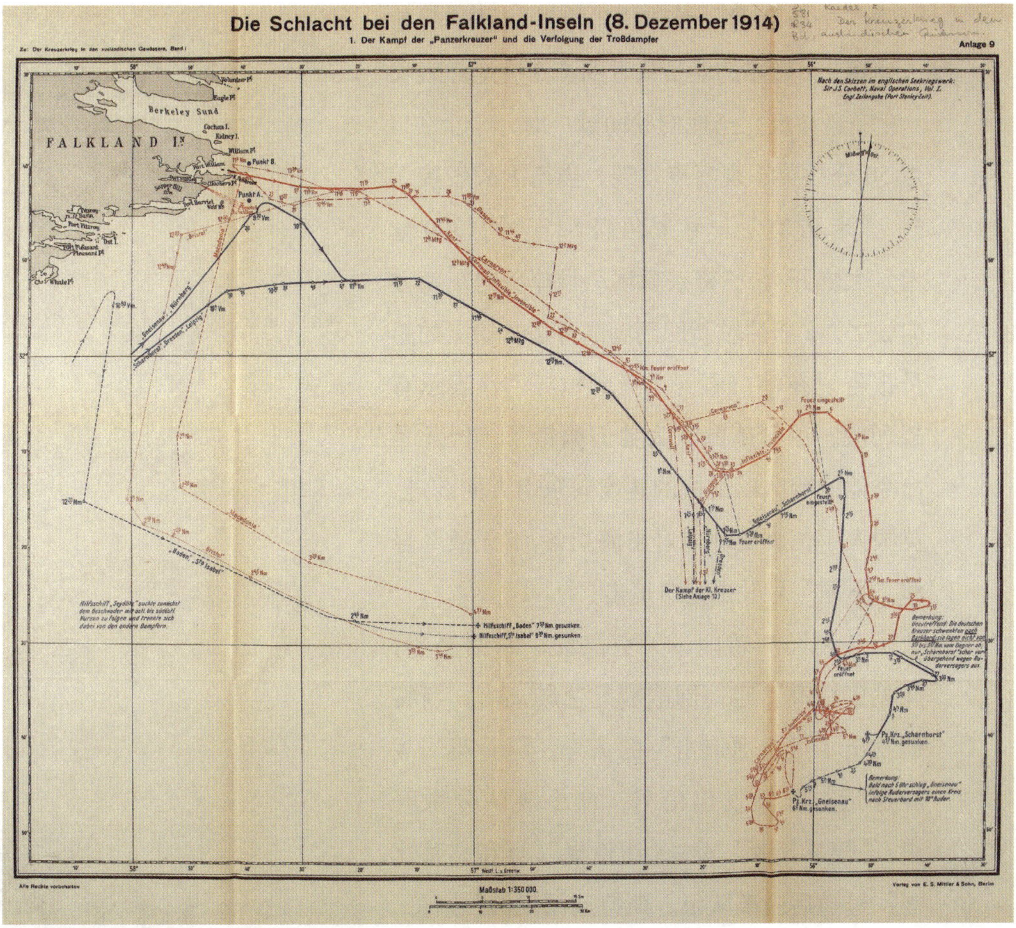

由德国发布的福克兰群岛海战作战计划图。

英国商船，并借此机会为他们的船只补充燃煤，这花了几天时间。在那段时间里，施佩和他手下的官兵在岸上享受了一段休闲时光。12 月 5 日，施佩召开会议，讨论作战计划，即前往福克兰群岛，摧毁那里的无线站，并利用岛上的煤炭供应补充燃料，然后回国。

12 月 8 日上午，英军一艘旧战列舰“卡诺珀斯”号驻扎在港口外，舰上部分轻型火炮被安装在岸边的炮台上，炮台还设有观察点。2 艘战列巡洋舰“无敌”号和“不屈”号停泊在港口内，正在补充燃煤。施佩派“格奈森瑙”号和“纽伦堡”号一起前去侦察，2艘船的船员只看到了3艘巡洋舰和1艘轻巡洋舰。当他们驶向港口时，于上午7点50分被英军观察点发现。当德国战舰接近时，“卡诺珀斯”号上两门12英寸（300毫米）大炮开火，“格奈森瑙”号掉头向东南方向驶去。2艘船重新回到施佩身边，船上的船员报告说在港口看到了三脚桅杆，这表示有战列舰。尽管施佩认为他们搞错了，但还是命令他的舰队以最快的速度向东南方向前进。英国人手忙脚乱地做好出海准备，“无敌”号和“不屈”号驶出港口追击。

当天天气晴朗，天空湛蓝，海面平静，能见度极高。当德国战舰迅速驶离时，斯特迪发出了“全面追击”的信号。随着英国战舰逼近，施佩发出信号，命令舰队分散开来，“德累斯顿”号、“纽伦堡”号和“莱比锡”号随后脱离队伍。斯特迪派“格拉斯哥”号、“肯特”号和“康沃尔”号进行追击，留给他对付的是2艘吨位较大的德国战舰。“无敌”号以“格奈森瑙”为目标，“不屈”号则向“沙恩霍斯特”号开火。

斯特迪的战舰速度更快，拥有威力更大、射程更远的火炮，而施佩的旗舰“沙恩霍斯特”号则拥有德国海军的金牌炮术。下午1点刚过，英国军舰开火，战斗持续了几小时，经常是在浓浓的硝烟中进行。3小时后，虽然“沙恩霍斯特”号的炮术令英军印象深刻，最

福克兰群岛海战。作为对皇家海军在智利科罗内尔遭受损失的报复性攻击，这场海战帮助英国在第一次世界大战初期确立了对海洋的控制。

终还是带着船上所有的人沉没，大约 1 小时后，抵抗到最后的“格奈森瑙”号也沉入大海。当时的新闻报道写道：

> 德国人以特有的勇气战斗到最后一刻，“沙恩霍斯特”号从船艉开始沉没，主甲板上飘扬着舰队司令的旗帜。“格奈森瑙”号稍晚沉没；经过一场激烈的战斗，参加过智利战斗的“格拉斯哥”号击沉了“莱比锡”号。随后，“纽伦堡”号被追上，最后也沉入海底。“德累斯顿”号逃脱了。

德国人伤亡惨重，包括“沙恩霍斯特”号的全体船员，总共有1871 人丧生，215 人获救，但有些人后来因冰冷的海水休克致死。而英国人的伤亡则相对较小，只有 6 人死亡，数人受伤。在晴朗的天气里和平静的海面上，这支德国舰队的“数量、火力和速度”均不如对手。对英国人而言，这是一场重大胜利，消除了商船面临的严重威胁，也报了科罗内尔战败的一箭之仇。基于此战的经验，英国海军部订购了更多将高速和大威力重炮相结合的战列巡洋舰。

“沙恩霍斯特”号的沉没。这对皇家海军来说是一项了不起的成就，因为“沙恩霍斯特”号及其姊妹舰“格奈森瑙”号，对英国商船和军舰来说都是巨大威胁。它的残骸在 2019 年年底被发现。

日德兰海战

Battle of Jutland

1916 年

1916 年，海军上将杰利科对德国战斗舰队的位置知之甚少。虽然他指挥着一支拥有所有最新技术的强大海军，但他也非常清楚，德国人还可以部署其他武器，比如 U 型潜艇。杰利科的舰队以奥克尼群岛斯卡帕湾为主要基地，尽管他们多次离开停泊地去寻找敌人，但在 1914 年和 1915 年都没有遇到，因为德国舰队很少离开基地，倾向于避免整支舰队一起行动，通过攻击个别船只或船队来维持一场消耗战。

1916 年，海军中将舍尔被任命为德国公海舰队总司令，早期他领导的一次决定性行动是 4 月战列巡洋舰对洛斯托夫特和大雅茅斯的轰炸。这次对英国本土的突然袭击，给皇家海军带来了巨大的政治压力，舆论要求其采取行动。

5 月 30 日，有情报称德国公海舰队正准备出海。当天晚上，杰利科率领舰队离开斯卡帕湾，海军中将贝蒂指挥的战列巡洋舰舰队从罗塞斯赶来，旗舰是“狮”号，该舰队由 50 艘战舰组成。

下午 2 点 40 分，贝蒂的舰队遇到希佩尔少将率领的德国侦察舰队，下午 4 点左右，双方相互开火。但在埃文 - 托马斯率领数艘战列舰前来支援贝蒂之前，德国战列巡洋舰“冯 · 德 · 坦恩”号击中了“不倦”

号，由于炮弹在储存不当的弹药中引起灾难性殉爆，“不倦”号发生爆炸。船上的 900 人中仅 2 人获救。半小时后，强大的“玛丽女王”号战列巡洋舰成为英军损失的第二艘船，它在主弹药库发生爆炸后沉没。船上 1200 名船员中只有 20 人获救。与此同时，舍尔中将正率领公海舰队北上支援希佩尔。贝蒂的任务是把他们引向北方，与正在赶来的英国主力舰队相遇。杰利科的舰队以 20 节的速度巡航，这是它的最大速度，舰队分成 6 个纵队，每队 4 艘战舰。他让胡德少将带着 3 艘战列巡洋舰走在前面，这 3 艘战列巡洋舰可以以更快的速度行驶，他们抵达贝蒂舰队所在的位置进行支援。

当杰利科看到战场以及覆盖大部分战场的重炮烟雾时，他将 24 艘战列舰部署成一条战列线。此时，较小的分舰队需要撤走，以便让大型战列舰完成任务。由于炮火产生的浓烟，很难进行精确射击。皇家海军

“玛丽王后”号爆炸。它是皇家海军在第一次世界大战前建造的最后一艘战列巡洋舰，于 1913 年秋季服役。

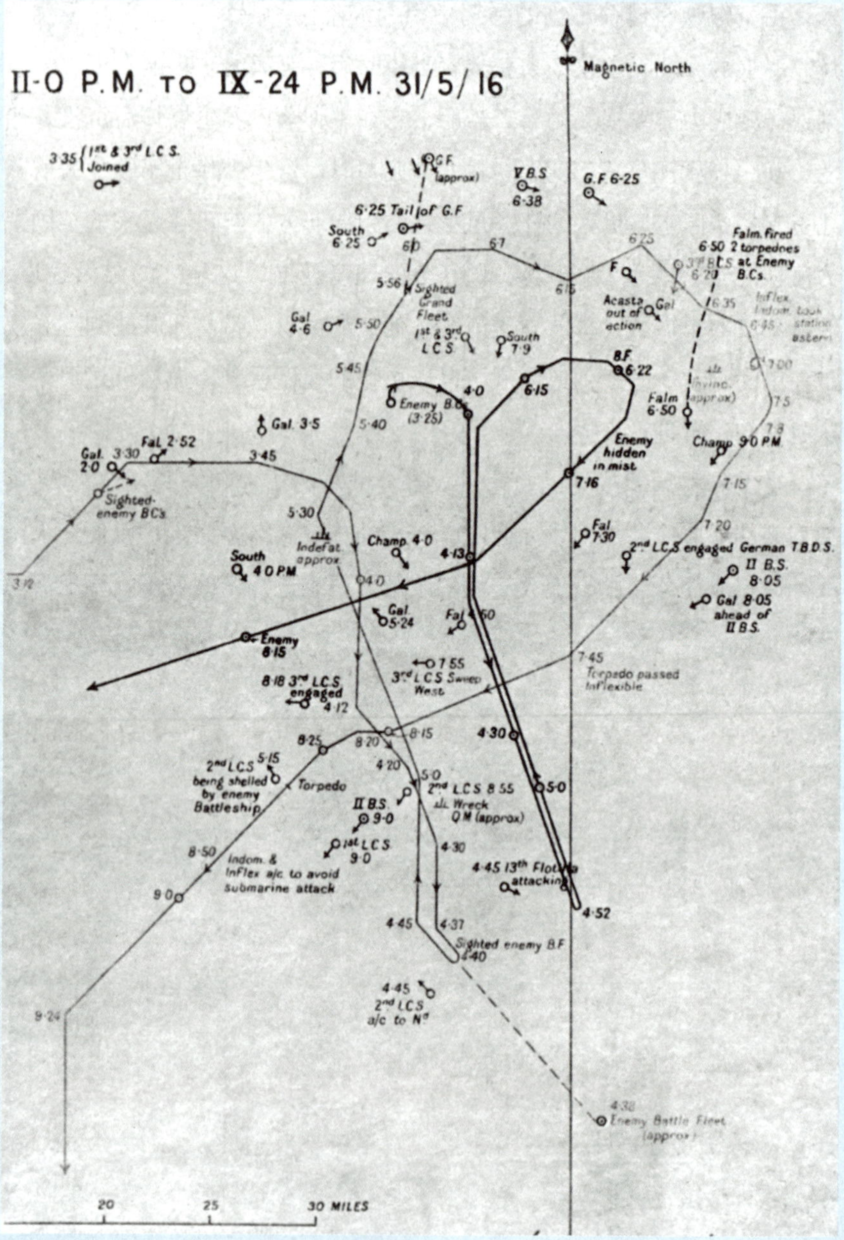

日德兰海战作战示意图，由美国海军军官和军事历史学家 D.W. 诺克斯上尉绘制。

海军上将约翰·杰利科。由于在日德兰海战中没有取得足够大的胜利而受到批评，杰利科被“明升暗降”，成为第一海军大臣。

“防御”号战列舰多次被击中后发生爆炸，船上所有人阵亡。英军的第三大伤亡是胡德的旗舰“无敌”号，它发生爆炸，1000 名船员中只有 6 人幸存。舍尔上将下令紧急转向，德国舰队在展示高效的航海技术之后，直接离开了战场。但半小时后，舍尔让舰队再次转向英国战线，并命令鱼雷艇开始行动。杰利科命令舰队调转方向，躲过了鱼雷的威胁，但让舍尔的舰队得以逃脱。

贝蒂还有一次对付德国海军的机会，“波美拉尼亚”号被皇家海军“猛攻”号发射的鱼雷炸毁，但到了白天，除了残骸和尸体，几乎什么都看不到。德国海军宣称取得了胜利，因为英国人损失了 3 艘战列巡洋舰、3 艘装甲巡洋舰和 9 艘驱逐舰，而德国人的损失只是 1 艘老式战列舰和 1 艘战列巡洋舰、4 艘轻巡洋舰和 5 艘驱逐舰。但德国人知道自己非常幸运。英国舰队剩余的军舰很快就恢复服役，杰利科向海军部报告，他仍有 24 艘无畏舰可以出海，而德国人的损失则要大得多。舍尔只能调集 10 艘，所以德国后来把重点放在潜艇战上。

总体结果远没有英国所希望的那样具有决定性，尽管从长远来看，日德兰海战确实遏制住了德国主力舰队。但这并不是预想中的伟大胜利，而且还有很多责难，谨慎的杰利科与更风度翩翩、更上镜的贝蒂相比，显得黯然失色。杰利科于 1916 年 6 月 4 日写信给记者兼海军评论员阿瑟·波伦，信中写道：

海军中将大卫·贝蒂。比起杰利科，贝蒂的做法更激进，在战争后期，他接替了比他更谨慎的上司，成为主力舰队的总司令，并以此身份于 1918 年在斯卡帕湾监督扣押德国舰队。

我们的运气真差！很简单，完全是能见度低的问题。当我进入战场的时候，只能看到五六英里，局面非常混乱。在四面八方都可以看到火炮开火时的火焰，炮弹爆炸和落下，战舰爆炸，偶尔还能看到敌人。每次我们锁定德国舰队时，他们都会掉头消失在迷雾中。

日德兰海战的胜负没有定论，双方都声称取得了胜利。即使在今天，人们也没有达成共识，不过大家都认为英国和德国均实现了部分战略目标。

我们在锁定他们的短时间内狠狠打击他们。我从未见过“铁公爵”号有过更好表现。它的第一轮齐射很短。向上 800 码。高了。下调 400 码。连续三次齐射击中“国王”号。然后它消失在雾中。后来我们又攻击了一艘敌舰，还有一艘轻巡洋舰，还对两艘鱼雷艇的攻击进行了反击。要想知道敌人的损失是非常困难的，但他们的损失肯定很惨重。

与德国人的战舰相比，我们的战列巡洋舰表现出缺乏防护的致命弱点。公众应该知道他们在这方面的表现有多么糟糕。也许你会告诉他们！当然，这都是公开的信息，但公众只看火炮，从不看装甲。为了公平对待我们的战舰，我认为应该非常明确指出这一点……

英国人从日德兰的废墟中吸取了教训，但两国海军在第一次世界大战中再没有发生过大的交锋。自从在福克兰群岛海战中到达巅峰时刻后，战列巡洋舰的声誉在日德兰海战中毁于一旦。皇家海军的资源捉襟见肘，对海军部的信心也降至最低点，而横跨大西洋的重要补给线现在也容易受到德国潜艇的攻击。

拉普拉塔河口海战

Battle of the River Plate

1939 年

亨利·哈伍德准将。由于取得拉普拉塔河口海战的胜利，哈伍德被封为爵士，并晋升海军少将。他神奇的“预感”，即德国人将在拉普拉塔河河口附近活动，为皇家海军带来第二次世界大战中的第一场伟大胜利。

正如著名的海军历史学家埃里克·格罗夫教授所写的那样，“英国皇家海军在 1939 年的胜利并非得益于强大火力，而是得益于战术技巧和积极进取的决心，这表明，与早些年绝对的物质优势相比，时代已经发生了很大的变化”。

《凡尔赛条约》将德国海军的最大规模限制在 10000 吨。20 世纪 30 年代，德国建造了 3 艘战舰，称为“袖珍战列舰”，设计用途是远程袭击商船。它们拥有 6 门 11 英寸（280 毫米）火炮和相对较轻的装甲保护，依靠速度来避免重大对抗。

其中2艘被部署在大西洋。“德意志”号被派往北大西洋，“格拉夫·施佩海军上将”号被派往南大西洋。德国海军总司令埃里克·雷德上将指示指挥官们不要与军舰交战，而应该集中力量对付单独的商船，并避开保护良好的护航船队。

北大西洋的护航船队意味着“德意志”号没有什么机会，但在南方，几乎所有的商船都在没有护航的情况下航行。“格拉夫·施佩海军上将”号舰长汉斯·兰斯多夫善于袭击商船，到10月底，他在好望角附近击沉或俘获了5艘商船，成功扰乱了盟军的贸易。

当一艘身份不明的德国舰船开始袭击英国商船时，盟军组织了7支舰艇分队来追捕它。其中一支舰艇分队被称为G部队，由皇家海军南美分舰队指挥官亨利·哈伍德准将领导，他有4艘巡洋舰部署在南美洲东南海岸。

拉普拉塔河口海战。这场战役发生于1939年12月13日，是第二次世界大战的第一场海战。

在浩瀚的海洋中追踪突袭者是一项几乎不可能完成的任务，但幸运之神眷顾了英国人。

11 月底，“格拉夫 · 施佩海军上将”号的发动机需要进行重大维修保养，兰斯多夫意识到在某个阶段他将不得不返回德国，于是寻求取得一场对皇家海军的重大胜利，从而让自己载誉而归。12 月 2 日，他登上并击沉了“多利克之星”号货轮，第二天又击沉了“泰罗亚”号。12 月 6 日，兰斯多夫通过辅助船“阿尔特马克”号补充燃油，然后将大部分战俘转移到该船，但军官或无线电操作员除外。兰斯多夫的习惯是在击沉被俘的商船之前先俘虏其船员。

12 月 7 日，“格拉夫 · 施佩海军上将”号的最后一个受害者“斯特伦夏尔”号遇到了兰斯多夫的战舰。在像往常一样俘虏船员并将其击沉之前，“格拉夫 · 施佩海军上将”号的船员发现了一些机密信息，这些情报表明拉普拉塔河口是一个捕获商船的好地方。

尤其让兰斯多夫感兴趣的是，上面提到一支小型护航船队将于 12 月 10 日离开蒙得维的亚。考虑到小型船队只有力量单薄的海军护航，兰斯多夫认为他会有大的收获。与此同时，哈伍德也决定前往拉普拉塔河口，他猜测这一海域会吸引兰斯多夫的注意。这是一个幸运的猜测，因为来自兰斯多夫的受害者“多利克之星”号和“泰罗亚”号的信号已经表明德国人在非洲海岸附近。哈伍德当时还不知道的是，由于“格拉夫 · 施佩海军上将”号上的“阿拉多”水上飞机发动机发生故障，它没有空中侦察的支持。

12 月 13 日，“格拉夫 · 施佩海军上将”号的船员发现 3 艘吨位相对较小的战舰。尽管兰斯多夫的航海长提醒他不要与敌方战舰交战，但他还是认为它们是理想的目标，并于早上 6 点指挥“格拉夫 · 施佩海军上将”号转向西南，朝对方驶去。

兰斯多夫发现的是亨利 · 哈伍德所在的轻巡洋舰“阿贾克斯”号，装备有 8 门 6 英寸（150 毫米）火炮，其姊妹舰“阿基里斯”号和 8000 吨的重巡洋舰“埃克塞特”号，后者装备 6 门 8 英寸（200 毫米）火

“阿基里斯”号的白色军旗，在拉普拉塔河口海战中飘扬。

炮。它们并非德国人所认为的轻量级猎物。

此外，这 3 艘英国军舰的速度快于“格拉夫·施佩海军上将”号，后者破旧的发动机限制了其速度。“埃克塞特”号的贝尔舰长随后将哈伍德的作战计划付诸实施。战前，哈伍德针对这场与德军袖珍战列舰的会战制定了周密的方案，决定兵分两路，从不同方向发起进攻。因此，“埃克塞特”号向西行驶，而哈伍德则率其余 2 艘军舰继续向东北方向行驶。由于威胁更大，“埃克塞特”号吸引了德军的精确火力，很快就被击中，一发炮弹穿透了舰体，另一发炮弹击中了舰桥，除了“舰长和另外两人”之外，舰桥上的人员全部阵亡。

哈伍德的计划奏效了，而“埃克塞特”号仍然能够开火。德国人现在不得不去对付从另一边进攻的“阿贾克斯”号和“阿基里斯”号。这时，“埃克塞特”号成功发射了鱼雷。兰斯多夫及其军官们非常清

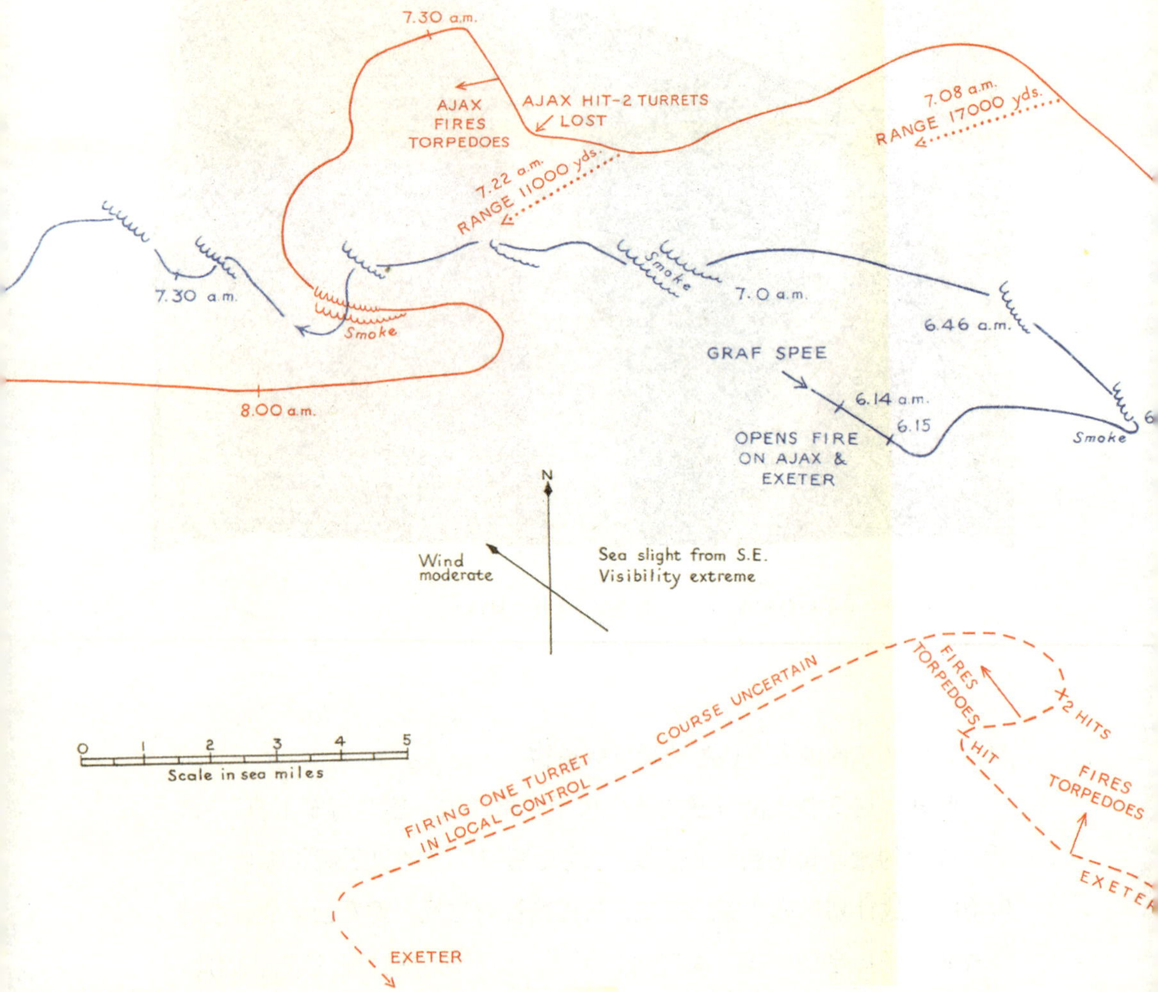
7.30 a.m.
AJAX FIRES TORPEDOES
AJAX HIT-2 TURRETS LOST
7.08 a.m. RANGE 17000 yds.
7.22 a.m. RANGE 11000 yds.
7.30 a.m.
Smoke
Smoke
7.0 a.m.
6.46 a.m.
GRAF SPEE
6.14 a.m.
6.15
OPENS FIRE ON AJAX & EXETER
Smoke
8.00 a.m.
N
Wind moderate
Sea slight from S.E.
Visibility extreme
0 1 2 3 4 5
Scale in sea miles
COURSE UNCERTAIN
FIRING ONE TURRET IN LOCAL CONTROL
FIRES TORPEDOES
2 HITS
HIT
FIRES TORPEDOES
EXETER
EXETER

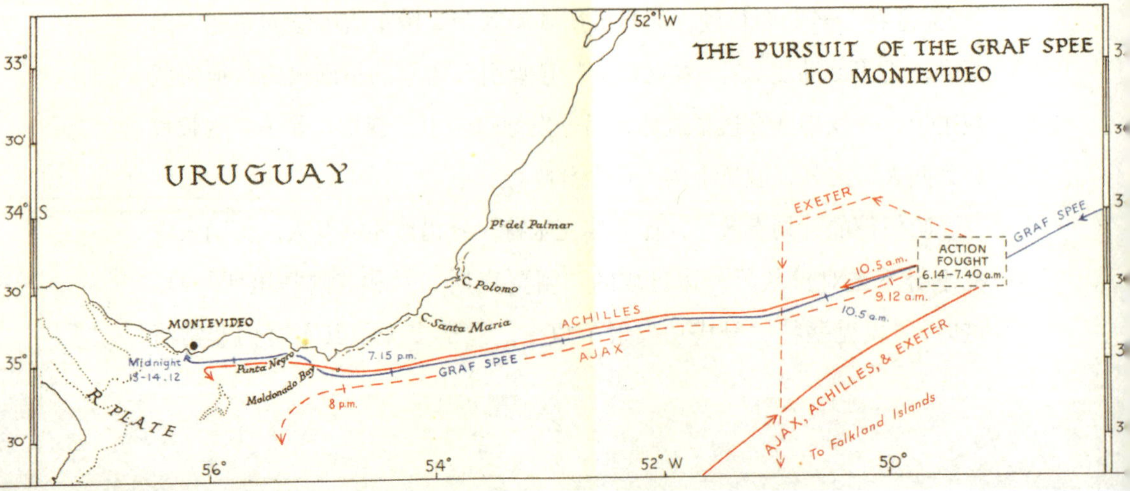
THE PURSUIT OF THE GRAF SPEE TO MONTEVIDEO
URUGUAY
33°
30′
34° S
30′
35°
30′
56°
54°
52° W
52° W
50°
Pt del Palmar
C. Polomo
C. Santa Maria
MONTEVIDEO
Midnight 13-14.12
Punta Negro
Maldonado Bay
R. PLATE
7.15 p.m.
8 p.m.
ACHILLES
GRAF SPEE
AJAX
EXETER
GRAF SPEE
ACTION FOUGHT 6.14-7.40 a.m.
10.5 a.m.
9.12 a.m.
10.5 a.m.
AJAX, ACHILLES, & EXETER
To Falkland Islands

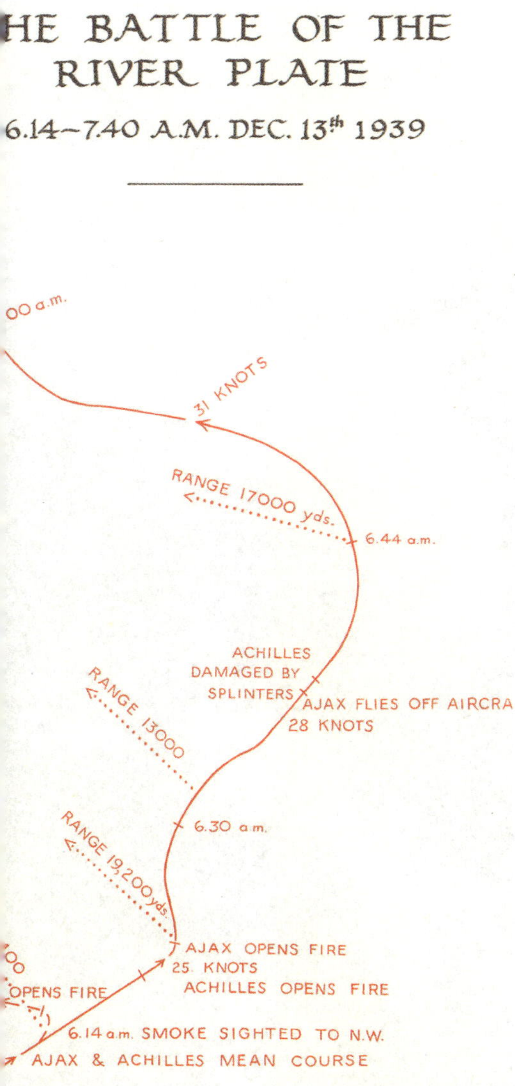

拉普拉塔河口海战的作战示意图。注意右上方的时间，显示战斗持续了不到 90 分钟。

楚鱼雷带来的严重威胁，所以在交战仅仅半小时后，他们就转向西北方向。

在随后的交火中，“格拉夫·施佩海军上将”号上有 36 名船员丧生，而“埃克塞特”号上有 61 名水手死亡。“阿贾克斯”号和“阿基里斯”号则带着轻微损失脱离战场，“阿贾克斯”号有 7 人死亡，“阿基里斯”号有 4 人死亡。但“格拉夫·施佩海军上将”号严重损坏，此时已经不适合航行。早上 7 点 40 分，兰斯多夫决定前往乌拉圭蒙得维的亚，该城位于拉普拉塔河北侧，试图维修军舰。12 月 14 日凌晨，“格拉夫·施佩海军上将”号在蒙得维的亚抛锚。然而，根据《海牙公约》，交战国军舰只能在中立港口停留 24 小时，此外，乌拉圭站在盟国一边。

英国外交官试图迫使兰斯多夫离开或至少让他被拘留，但兰斯多夫设法坚持了 72 小时，直到 12 月 17 日。在此期间，英国人放出假情报，说有一支庞大的英国舰队正在集结，而德国人相信了。事实上，当时只有“阿贾克斯”号、“阿基里斯”号和另一艘军舰“坎伯兰”号。

兰斯多夫深信，自己面对的是一支非常强大的舰队，于是在 12 月 17

“格拉夫·施佩海军上将”号沉没。该舰指挥官汉斯·兰斯多夫宁愿把船凿沉也不愿意让它落入敌手。

汉斯·兰斯多夫自杀时使用的手枪。目前还不清楚他在被关押期间是如何获得武器的。

日晚间带领“格拉夫 · 施佩海军上将”号驶出港口。然后，在数千名观众的注视下，该舰突然发生剧烈爆炸。兰斯多夫认为逃脱已毫无希望，为了不让“格拉夫 · 施佩海军上将”号落入敌手，他将其凿沉。兰斯多夫及其船员被俘，然后被带到布宜诺斯艾利斯。12 月 19 日，兰斯多夫将“格拉夫 · 施佩海军上将”号的军旗平铺在他被关押的房间地板上，躺在上面开枪自杀。

“格拉夫 · 施佩海军上将”号的毁灭让英国举国上下一片欢腾，但包括希特勒在内的德国最高统帅部对损失该舰和船员的被俘感到愤怒。雷德上将宣称 ：“从今往后，德国军舰和它的船员将竭尽全力战斗到最后一发炮弹。”

塔兰托海战

Battle of Taranto

1940 年

对港口发动先发制人的攻击早已成为海战一部分，1904 年日本海军对中国旅顺港的攻击显示了鱼雷艇的有效性。在第一次世界大战期间，防护网、水雷和火炮越来越多应用于港口和海军基地的防御。然而，20 世纪空中力量的诞生给海军带来新的作战空间。第一次世界大战结束之前，英国人开发出通过使用飞机投放鱼雷来攻击基地内舰队的方法。皇家海军“百眼巨人”号于 1918 年 9 月服役，是世界上第一艘全通式甲板航空母舰。飞行试验于 10 月开始，但在英国人对这一系统进行彻底测试之前，

海军上将安德鲁 · 布朗 · 坎宁安爵士，绰号“ABC”。

战争就结束了。两次世界大战之间的这段时期，飞机和鱼雷的研制均取得进展。

海军上将安德鲁·坎宁安爵士在第二次世界大战期间指挥地中海舰队，并使用这种新的战术与敌人作战。皇家海军“老鹰”号上部署了第813和第824海军航空兵中队，他们驾驶“费尔雷剑鱼”鱼雷攻击机。1940年7月，这两个中队击沉了4艘意大利驱逐舰，击伤了1艘。他们还击沉了1艘潜艇和2艘商船，并阻止了敌方对亚历山大港的攻击。9月初，坎宁安的舰队补充了一艘更大的新航空母舰“光辉”号，舰上搭载第815和819第中队，他们也装备了“费尔雷剑鱼”攻击机。“光辉”号舰长是海军少将利斯特，他是鱼雷攻击机的热心支持者。1938年慕尼黑危机期间，他制订了攻击意大利塔兰托海军基地的作战计划。

英国皇家海军“光辉”号在1954年退役前拍摄的照片。1940年11月11日至12日，在塔兰托海战中，历史上第一次全部由飞机实施的海军攻击就是在它的甲板上开始的。

ROYAL NAVY

1940年，同样的计划被提交给坎宁安，他对这项计划充满热情。

“光辉”号上的一场大火推迟了事情的进展，与此同时，德国入侵希腊，从而使摧毁意大利舰队变得日益紧迫。航空母舰修好后，英军就为第一个月明之夜制订了作战计划。“老鹰”号遭受了部分损坏，舰上飞行中队的五组机组人员及其飞机一起转移至“光辉”号。作为该计划的一部分，驻扎在直布罗陀的“皇家方舟”号航空母舰负责转移敌方的注意力，其中包括轰炸撒丁岛卡利亚里。

1940年11月6日，包括“光辉”号在内的地中海舰队离开亚历山大港，护送船队往返马耳他。同时，皇家空军对塔兰托进行了空中侦察，并将相关情报发给地中海舰队。11月11日，天色渐暗，“光辉”号和4艘驱逐舰脱离舰队，前

一架“费尔雷剑鱼”攻击机。这种鱼雷双翼飞机被驾驶者昵称为“网线袋”，在第二次世界大战开始时已基本过时，但事实证明它们在战争中能发挥很大作用。除塔兰托海战之外，“费尔雷剑鱼”攻击机还在1941年击沉“俾斯麦”号的战役中发挥了关键作用。

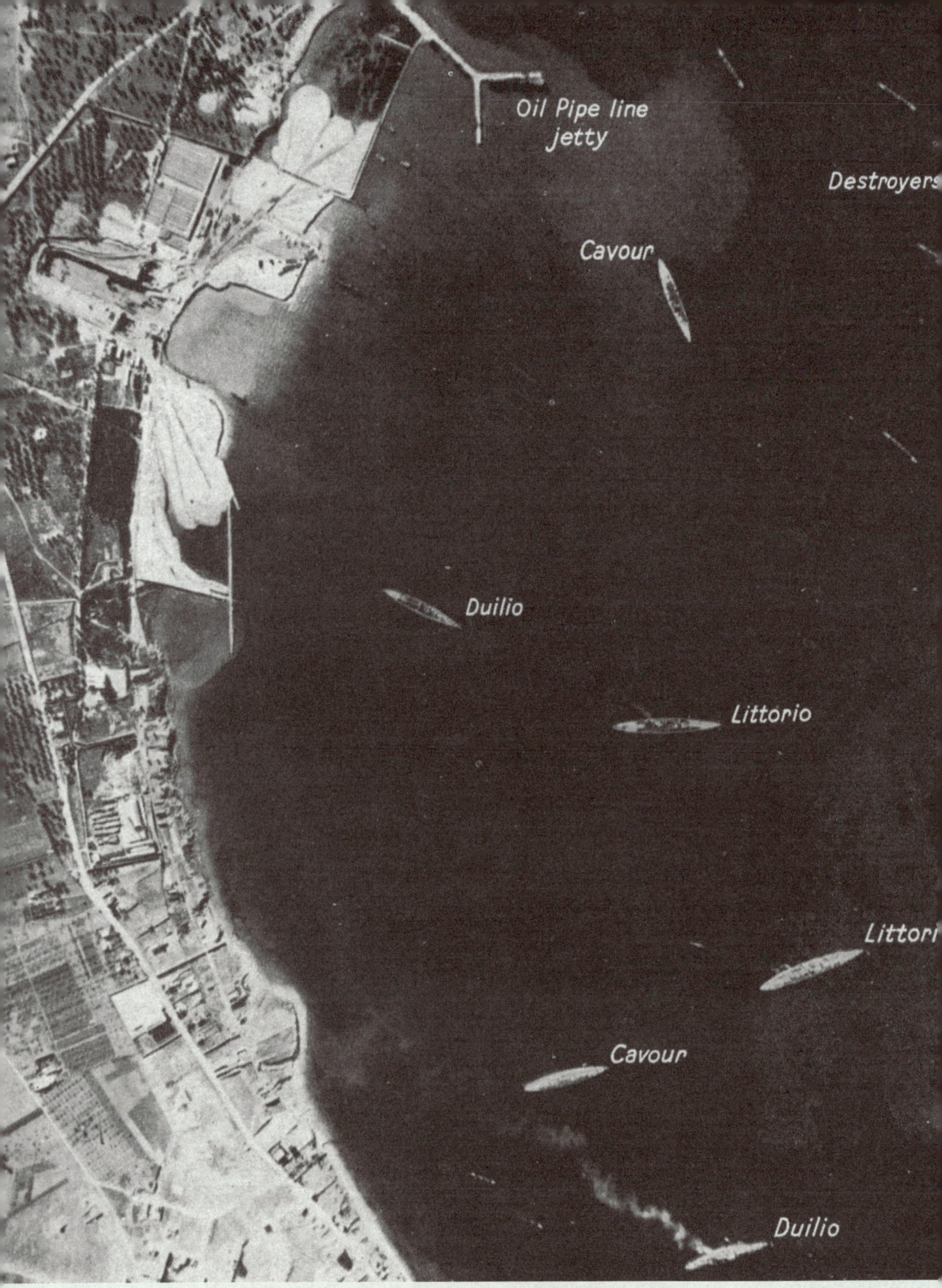

塔兰托海战在很大程度上是一场空战。意大利战列舰不仅受到来自空中的攻击，而且空中侦察在确认敌舰位置方面也被证明非常有价值。

往塔兰托以南 170 英里（274 公里）的位置。

“剑鱼”攻击机分两波出动，第一波 12 架，第二波 9 架。在第 815 中队指挥官威廉森少校带领下，6 架飞机 3 次命中目标，1 次命中“加富尔伯爵”号，2 次命中“利多里奥”号。威廉森和他的观察员斯卡利特被击落并被俘。该波次的其余飞机向储油库投掷炸弹，并对港口的船只进行俯冲轰炸。在第二波攻击中，8 架“剑鱼”攻击机飞抵其目标，多次击中“拉托亚”号、“卡约·杜伊利奥”号和重巡洋舰“戈里齐亚”号。英军 1 架飞机被击落，其机组人员失踪。

凌晨 1 点到 3 点之间，18 架“剑鱼”攻击机返回“光辉”号，其中 2 架有轻微损伤。英军知道，他们已对意大利战列舰和塔兰托的外围锚地造成巨大破坏，但不得不等待，直到了解整个详情。他们准备在 11 月 12 日晚再发动一次攻击，但由于云层低和下雨，这次攻击被取消了，英国舰队返回亚历山大港。

当天下午，“维托里奥·威尼托”号、“安德烈亚·多利亚”号和

News Chronicle

No. 29,494 ONE PENNY THURSDAY, NOVEMBER 14, 1940 RADIO, PAGE 2

WE CAN RING THE BELLS THIS MORNING FOR THE FIRST TIME FOR WEEKS

Our Bombers Cripple The Fleet That Would Not Come Out

and Navy Wrecks Italian Convoy

Most Daring Air Action at Sea

By the Air Correspondent

THIS is the most daring and successful air action against naval ships ever carried out.

The Admiralty communique tells the result of the exploit by the Fleet Air Arm, but gives no details of how the attack was made. It was obviously no rush affair, but very carefully planned.

IN THE MOONLIGHT, WHILE BOMBERS OF THE FLEET AIR ARM WERE CRIPPLING HALF OF ITALY'S BATTLESHIPS—FOUND SHELTERING BEHIND SHORE BATTERIES IN THEIR STRONGHOLD—A SQUADRON OF OUR LIGHT NAVAL FORCES WAS BATTERING A CONVOY OF SUPPLY SHIPS ABOUT 100 MILES AWAY.

Last night it was disclosed that the Aircraft Carriers Eagle and Illustrious took part in the attack on the battleships, which was carried out against strong A.A. defences and a balloon barrage.

A beaming Prime Minister listened to cheer after cheer ringing through the House of Commons yesterday as he told members that the bombers which attacked the naval base at Taranto during the night of Monday and Tuesday left:

One battleship of the latest Littorio class—pride of Mussolini's Fleet—so badly down by the bows that her forecastle is under water and with a heavy list to starboard;

Another battleship of the Cavour class, beached, the after turret under water, and listing heavily to starboard;

Another Cavour battleship probably severely damaged;

And two cruisers in the inner harbour listing to starboard and surrounded by oil.

The Prime Minister also made this impressive statement: "This result, while it affects decisively the balance of naval power in the Mediterranean, also carries with it reactions on the ...

The Conte di Cavour—a battleship of her class has been beached; probably another severely damaged

The Littorio—one of her class is so badly down by the bows that her forecastle is under water

Another Convoy Ship Is Safe

ANOTHER cable of encouraging news of the sea was flashed across the Atlantic last night.

One more ship of the convoy "destroyed" by the Nazi sea raider had made port.

There were 38 ships in the convoy. With the 29 previously announced to have escaped the marauder—said to be of the pocket battleship type—this now leaves eight still unaccounted for.

TRIBUTES TO CAPTAIN

Forty Flying Fortresses for Us Before Christmas

WASHINGTON, Wednesday.

FORTY of America's great four-engined "Flying Fortress" bombers are expected to be sent to Britain before Christmas.

It is estimated that the Boeing Company's output of "Flying Fortresses" will reach 80 by late December, and Britain will get half of these under President Roosevelt's "rule of thumb" policy granting Britain half of America's armaments production.

A BOMB-SIGHT, TOO

It was also learned in Washington today that the United States has released one of its bomb-sights to Britain.

The sight is stated to be of an old type, and although not so accurate as the secret sight the United States is using, is said to be highly effective.—Reuter and B.U.P.

Parliament To Be Prorogued

LATE NEWS

ITALIAN RETREAT

BERLIN RAID

LONDON BLACK-OUT TIME 5.43 p.m. — 7.47 a.m.

Two at Cremation of Mr. Chamberlain

英国报纸《新闻纪事报》在庆祝塔兰托海战胜利的同时，不无巧妙地利用了大众对意大利人在战争中表现怯懦的看法。

“朱利奥·切萨雷”号驶向那不勒斯，同行的还有重巡洋舰和驱逐舰分队。这使得意大利舰队无法对盟军在地中海中部和东部的活动做出快速反应。“剑鱼”攻击机的成功意味着“光辉”号成为德国空军的目标，“光辉”号于 1941 年 1 月退出战斗，迫使“剑鱼”攻击机中队在希腊北部的一个偏远山谷中作战。然而，英军对停泊在塔兰托的意大利舰队的空袭，被军事界评为“在战役关键点和关键时刻运用最小武力”的经典战例。

马塔潘角海战

Battle of Cape Matapan

1941 年

海军中将亨利·普里德姆－威佩尔，因在马塔潘海战中的优异表现被封为爵士。作为皇家海军老兵，普里德姆－威佩尔于 1900 年加入海军，1915 年在加利波利战役中指挥驱逐舰。

为了阻止英国向希腊派出增援部队，德国人向其意大利盟友施压。意大利人察觉到英国护航舰队正在将部队从埃及运往希腊，于是计划在克里特岛攻击英军，特别是摧毁他们所认为的战区内唯一一艘英国战列舰。虽然意大利海军在塔兰托遭受重创，但他们仍然拥有非常新的快速战列舰“维托里奥·威尼托”号和数艘强大的重巡洋舰。情报是马塔潘角海战的关键，空中力量也是如此，因为意大利人没有得到自己空军的支持。

马塔潘角海战。皇家海军在这场战役中取得胜利的原因之一是由于布莱切利园截获了意大利海军的密码和信号。坎宁安上将后来访问了布莱切利园，亲自向密码破译员表示感谢。

英国舰队总司令、海军上将安德鲁·坎宁安爵士对意大利人的意图有所警觉，而意大利人却低估了地中海东部的战列舰数量。事实上，坎宁安有3艘战列舰和额外的空中掩护。不仅如此，“可畏”号航空母舰最近也已抵达基地，取代受损的“光辉”号，舰上搭载3种舰载机“管鼻鹱”“信天翁”和“剑鱼”。此外，坎宁安还可以从克里特岛和希腊的海军飞机和皇家空军岸基部队获得支援。与意大利人不同，英国人在夜战方面经验丰富，部分舰艇还装备了水面预警雷达。

坎宁安知道意大利人的进攻迫在眉睫，于是中止护航行动，并派出一支由巡洋舰和驱逐舰组成的搜索舰队前往克里特岛南部，由普里德姆－威佩尔海军中将率领。坎宁安本人在夜幕降临后带着主战舰队从亚历山大港出发，前去与普里德姆－威佩尔的分舰队会合。3月28日上午7点30分左右，从克里特岛和“可畏”号航空

“维托里奥·威尼托”号。意大利最危险战列舰的逃脱给盟军在马塔潘的庆祝活动蒙上阴影。一位海军将领以典型的英国式轻描淡写的口吻宣称这是一件“非常令人遗憾”的事情。幸运的是，“维托里奥·威尼托”号没能利用它的好运。1943年，该舰向盟军投降，并于1951年被拆毁。

母舰上起飞的侦察机机组人员看到一支由巡洋舰和驱逐舰组成的舰队，但无法确定它们是意大利舰队还是普里德姆－威佩尔的分舰队。事实上，那是意大利舰队，普里德姆－威佩尔随后试图将他们引向从南方赶来的重装舰队。双方进行了大约1小时的短暂交战，随后亚基诺海军上将率意大利舰队驶离战场。

坎宁安的舰队此时离交战地点只有70英里（113公里），在“可畏”号上有6架鱼雷轰炸机随时准备攻击。最初，坎宁安按兵不动等待距离缩短，随后于上午9点39分发动攻击。排水量35000吨的“维托里奥·威尼托”号战列舰当时正向北航行，亚基诺试图引诱普里德姆－威佩尔的巡洋舰向它靠近。“猎户座”号巡洋舰随后发现这艘意大利战列舰，并在接下来的战斗中受损。在这千钧一发之际，鱼雷轰炸机的到来拯救了普里德姆－威佩尔的战舰，它们从空中攻击“维托里奥·威尼托”号战列舰，迫使意大利人加速返航。与此同时，坎宁安正试图监视三组敌舰。对意大利战列舰的首次攻击没有造成任何损失，但下午3点左右由6架飞机发动的第二次攻击很成功，其中一枚鱼雷导致“维托里奥·威尼托”号严重进水。虽然它能够继续前进，但速度慢了很多，“可畏”号的舰载机报告了这一情况，从而促使英军发动第三次空袭。

事情并没有完全按照计划进行，通信问题和身份识别错误给作战行动造成阻碍。意大利人仍然低估了英国和澳大利亚舰队的规模，并命令卡塔内奥海军中将率领2艘巡洋舰“扎拉”号和“菲乌梅”号以及4艘驱逐舰前去评估敌情。他们遇到“可畏”号、“厌战”号、“勇敢”号和“巴勒姆”号，正如坎宁安所说，他们在“连枪炮长都不会错失的距离”上开火。“扎拉”号、“菲乌梅”号和“维托里奥·阿尔费里”号多处中弹并沉没。坎宁安随后派出护卫舰——澳大利亚的“斯图亚特”号，连同“灰猎犬”号、“格里芬”号和“哈沃克”号——发起攻击，他们与意大利舰队战斗了两小时。

黎明时分，英国侦察机评估了战场形势。虽然意大利舰队的大部分军舰被摧毁或损坏，但强大的“维托里奥·威尼托”号战列舰却逃过一劫。相比之下，盟军的驱逐舰没有损失，他们转向亚历山大港，并在途中击退了德国轰炸机的攻击。马塔潘角海战降低了来自意大利舰队的威胁，从此，“轴心国”在地中海不得不转向空战和潜艇战。

击沉“俾斯麦”号

The Sinking of the Bismarck

1941 年

1941 年 5 月 21 日，英国皇家空军海岸司令部的侦察机在挪威峡湾拍摄到两艘德国军舰。它们分别是战列舰“俾斯麦”号，当时海上最强大的战舰，以及重巡洋舰“欧根亲王”号。这两艘强大的战舰对英国运输船队构成巨大威胁，而运输船队对于维持英国的战争能力至关重要。英军高层下令立即进行轰炸，18 架轰炸机飞向挪威，但在能见度非常低的情况下，只有两架轰炸机找到目标区域，而且未能给对方造成任何损失。

皇家海军总司令托维上将派出两艘巡洋舰在格陵兰岛和冰岛之间巡逻，即“诺福克”号和“萨福克”号，其他巡洋舰则在冰岛和法罗群岛之间巡逻。托维命令霍兰中将率领战列巡洋舰“胡德”号和新战列舰“威尔士亲王”号，以及为它们护航的数艘驱逐舰，在冰岛西南方向占据好位置。次日，进一步的侦察证实两艘德国战列舰已不在这片海域。于是，心中焦虑的英国人开始进行紧急搜索。

“诺福克”号和“萨福克”号在冰岛和格陵兰岛之间的丹麦海峡首先发现两艘德国战舰。此时，“胡德”号和“威尔士亲王”号在 300 英里（483 公里）之外，而托维上将率领的“乔治五世”号战列舰、

“俾斯麦”号的最后时刻。在击沉英国皇家海军“胡德”号之后，丘吉尔宣布：“我不管你们怎么做，你们必须击沉‘俾斯麦’号。”这艘战列舰是德国海军的骄傲，它的沉没对盟军来说是战略和宣传上的一次巨大胜利。

“胜利”号航空母舰和“反击”号战列巡洋舰在600英里（966公里）之外。

5月24日凌晨5点，霍兰中将率领两艘大型战舰来到距离德舰20英里（32公里）的范围内，在随后的短暂交火中，“俾斯麦”号成功炸毁并击沉了“胡德”号，舰上1400名官兵几乎全部丧生，只有3人生还。“威尔士亲王”号刚刚离开造船厂，船员都是缺乏经验的新手，在交火中7次中弹，不得不转身离开。不过，“俾斯麦”号也受到损坏，被炮弹击中3次，其中1次使锅炉房停止运行。“俾斯麦”号指挥官吕特延斯决定向南航行，前往一个港口进行维修。“诺福克”号和“萨福克”号以及受损的“威尔士亲王”号紧随其后，它们的指挥官知道托维率领的“乔治五世”号和“反击”号正从东面接近。“胜利”号航空母舰被派去攻击“俾斯麦”号，9架“剑鱼”攻击机从甲板上起飞，但它们投下的鱼雷只有1枚击中“俾斯麦”号。

“皇家方舟”号。这艘航空母舰在追歼“俾斯麦”号过程中所发挥的作用表明，无论是在海上还是在陆地，空中力量在第二次世界大战中的重要性日益增加。

此时的“俾斯麦”号想尽一切办法甩掉追兵，5月25日，托维收到跟丢的消息。皇家海军战舰从四面八方赶往大西洋战场，但所有参与追击的战舰即将耗尽燃料。受损且燃料不足的“俾斯麦”号驶向法国海岸，其燃料储备仅能支持其到达布雷斯特。5月26日，满怀希望的德国人认为他们可能会成功，但在上午10点30分，他们离目的地只有700英里（1127公里）时，被一架“卡特琳娜”（Catalina）水上飞机发现。飞机副驾驶是美国海军少尉伦纳德·史密斯，他作为特别观察员参与此次飞行，因为美国当时还没有参战。“俾斯麦”号的北面是海军中将詹姆斯·萨默维尔爵士率领的直布罗陀分舰队：“声望”号、“皇家方舟”号和“谢菲尔德”号。“谢菲尔德”号驶向“俾斯麦”号，对其进行跟踪，15架鱼雷机从“皇家方舟”号上起飞，准备对其发动攻击。由于不知道“谢菲尔德”号的存在，这些鱼雷机误击了自己人，但幸运的是“谢菲尔德”号躲过了他们投放的鱼雷。

第二波鱼雷机于下午6点30分离开“皇家方舟”号，但发回信号说他们没有成功。随后，令所有人惊讶的是，“谢菲尔德”号又发来第二条信号，告知“俾斯麦”号的航向。它直接驶向“乔治五

“罗德尼”号战列舰上引人注目的 9 门 16 英寸（400 毫米）主炮。正是这些火炮以及“罗德尼”号的鱼雷给“俾斯麦”号造成部分最严重的损害。

世”号和“罗德尼”号。英军的空袭取得成功，两次击中“俾斯麦”号，其中的一次破坏了该舰的转向装置，使其方向舵被卡住。德国人派出U型潜艇、轰炸机和拖船试图拯救这艘残破的战舰，但都徒劳无益。5月27日上午8点45分，“罗德尼”号和“乔治五世”号从12英里（19公里）处向“俾斯麦”号开火。

托维海军上将在1941年7月5日发出的电报中描述了“俾斯麦”号的最后时刻。

> 到10点15分，“俾斯麦”号损毁严重，没有一门炮在开火，船艏和船艉都燃起大火，而且一直在向下倾斜。可以看到有人从船上跳下……我确信“俾斯麦”号再也无法返回港口，它的沉没只是时间问题。
>
> “乔治五世”号和“罗德尼”号的燃油短缺问题已经变得非常严重。我不得不考虑油箱被炸弹炸到或鱼雷击中而发生损坏的可能性。进一步的炮击对加速“俾斯麦”号的灭亡没有什么作用。因此，我决定让“乔治五世”号和“罗德尼”号退出战斗，并命令任何仍有鱼雷的舰艇对“俾斯麦”号使用鱼雷。“多塞特郡”号预见到了我的命令，在近距离内对“俾斯麦”号的两侧进行鱼雷攻击。它于10点37分沉没。“俾斯麦”号在众寡悬殊的情况下进行了最猛烈的战斗，不愧是昔日的德意志帝国海军，沉没之时，舰上旗帜依然飘扬。“多塞特郡”号救起包括第三枪炮长在内的4名军官和75名水手，“毛利”号救起了24名水手；但是在11点40分，“多塞特郡”号发现可疑物体，可能是U型潜艇，我方舰船不得不放弃救援工作。

德国轰炸机赶到时为时已晚，只击沉了1艘驱逐舰，而其他英国舰船都成功返回基地。之前躲避追兵的“欧根亲王”号随后于6月1日悄悄驶入布雷斯特。

偷袭珍珠港
Pearl Harbor

1941 年

时至今日，在美国人的意识中，1941 年 12 月日本在珍珠港对美国海军的袭击是对美国的一次重大打击，并且是美国卷入第二次世界大战的最终原因。日本和美国之间的关系一度紧张，1937 年日本侵略中国时，美国对日本实施经济制裁，同时向中国提供援助。富兰克林·罗斯福总统对日本的扩张计划感到担忧，美国太平洋舰队此时继续驻扎在夏威夷珍珠港的前沿基地。

美国当时认为，来自日本的任何攻击都将发生在菲律宾或其他国家的属地和太平洋地区。然而，担任日本海军总司令的山本五十六大将已经制订了偷袭珍珠港的计划，11 月 26 日，他率领包括 6 艘航空母舰在内的 32 艘舰艇离开母港。当他们驶向珍珠港时，日美之间的外交谈判仍在继续。

在当地时间 12 月 7 日上午 7 点 55 分的协同行动中，日军第一波 183 架飞机攻击了停泊在港口的战列舰，同时袭击了机场以防美军反击。此后不久，在华盛顿，日本驻美大使向美国政府传达了中断外交谈判的信息，但没有提及宣战。

在 30000 吨的“亚利桑那”号战列舰上，空袭警报在上午 8 点前响

这张日本飞行员拍摄的偷袭珍珠港的照片显示，美国军舰在突袭中是如何坐以待毙的。

起。单独的一架日本飞机从其头顶低空掠过，然后舰上官兵看到一支高空轰炸机编队正飞向这艘战舰。一枚炸弹击中该舰，穿过主甲板，在下层甲板上爆炸。10 分钟后，前部弹药库爆炸，弃船命令下达。第二波 167 架飞机于上午 8 点 40 分抵达。

在一个半小时内，有 18 艘船被击沉或搁浅，包括 5 艘战列舰。港口内有 90 多艘船，日军的攻击集中在 8 艘战列舰上。美国海军“西弗吉尼亚”号和“俄克拉荷马”号沉没，“加利福尼亚”号、“马里兰”号和“田纳西”号遭到重创。士兵们用防空武器全力反击，并以极大的勇气竭力挽救战友的生命。在短暂的攻击间歇，“内华达”号成功驶离泊位，但当它驶向大海时，被第二波日本轰炸机拦截。日军试图将其击沉在航道，从而封锁港口的入口，但“内华达”号设法使自己搁浅，保持了航道的畅通。攻击结束时，美国的伤亡人数是 2403 人死亡，1178 人受伤。

袭击后的美国海军“西弗吉尼亚”号和“田纳西”号。虽然“西弗吉尼亚”号在珍珠港被击沉，但它被重新打捞上来，进行了修复，并与受损较轻的“田纳西”号一起，继续在硫磺岛和莱特湾参加战斗。

近一半的死亡人数是“亚利桑那”号爆炸造成的。大多数死者是年轻的下级士兵，因为大多数军官都在岸上居住。美军总共损失 187 架飞机、8 艘战列舰、3 艘巡洋舰、3 艘驱逐舰、2 艘辅助艇和 1 艘布雷艇。很少有飞机能够起飞进行反击。值得庆幸的是，当时美国的航空母舰并不在那里，日本人忽略了对维修设施、潜艇设施和燃料储存库的攻击。这场攻击在正式宣战前发动，对方毫无准备，事后日本仅损失 29 架飞机、6 艘潜艇和 64 人。

12 月 16 日，美国海军部长弗兰克·诺克斯上校发布的官方损失公告不可避免淡化了损失，但承认较高的伤亡人数。他说：“整个太平洋舰队，包括战列舰、航空母舰、重型和轻型巡洋舰、驱逐舰和潜艇，均未受损，都在海上寻求与敌人交战。”他补充说，火奴鲁鲁港的设施没有受到破坏，储油罐和仓库也没有被摧毁。罗斯福总统在国会联席会议上发表了简短的讲话，他说：“昨天，1941 年 12 月 7 日——将成为国

偷袭珍珠港事件让美国卷入了第二次世界大战。至关重要的是，它未能完全摧毁美国在太平洋的海军力量，这意味着美国能够比日本预期更快地重新武装起来。

耻日——美利坚合众国遭到日本帝国海空军精心策划的突然袭击。”他最后要求国会对日本宣战。仅仅 30 多分钟后，投票开始并获得通过，得到了各政治派别的支持。

几天后，在另一次达到预期结果的空袭中，日本人在马来亚附近海域击沉了皇家海军的新战列舰“威尔士亲王”号和战列巡洋舰“反击”号。这对英国人来说是重大损失，使他们在远东没有能独立战斗的舰队。英国首相温斯顿·丘吉尔后来回忆起他听到这个消息时的感受：

对“威尔士亲王”号和“反击”号的袭击是日本人发动的又一次突然袭击，这次针对的是英国皇家海军，发生在珍珠港事件 3 天后。

> 在经历过的所有战争中，我从未受到过更直接的打击……我翻了个身，在床上辗转反侧，这个消息让我惊恐万分。在印度洋和太平洋上没有英国或美国的军舰，只有在珍珠港幸存的美国军舰，它们正匆匆赶回加利福尼亚。在这片广阔的水域，日本占据主导地位，而我们在任何地方都处于虚弱和赤手空拳的状态。

在珍珠港，除 3 艘战舰外，其余的舰船后来都被打捞出海面并得以修复。美国最高军事奖项——荣誉勋章被授予 15 名各级海军人员，其中 10 人是阵亡后追授。对偷袭珍珠港的集体震惊和由此产生的愤怒，使美国民众团结起来，决心赢得这场战争。

爪哇海海战
Battle of the Java Sea

1942 年

赫尔弗里赫中将。作为成功的潜艇指挥官，他的中队在击毁敌船方面表现出色，被称为“每日一船——赫尔弗里赫”。然而，在监督爪哇海的战事时，他的表现却不尽如人意。他指挥的美英荷澳联军被日军击败后，他被派往锡兰（今斯里兰卡）担任行政职务。1945 年 9 月 2 日，他在美国海军“密苏里”号上见证了日本的无条件投降。

在偷袭珍珠港以及击沉英国军舰“威尔士亲王”号和“反击”号之后，在日本空军支援下，日本海军在荷属东印度群岛登陆。2 月 15 日晚，英国首相温斯顿·丘吉尔宣布新加坡沦陷。这是盟军灾难链条上的又一环。丘吉尔以其经典风格发表讲话：“今晚，日本人取得了胜利。他们向全世界欢呼。我们遭受痛苦。我们非常震惊。我们处境艰难。但我相信，即使在这个黑暗的时刻，历史将对日本侵略者的疯狂犯罪行为做出裁决。”

该地区剩余的盟国海军舰艇没有空中掩护，由英国、荷兰、澳大利亚和美国的巡洋舰组成，指挥

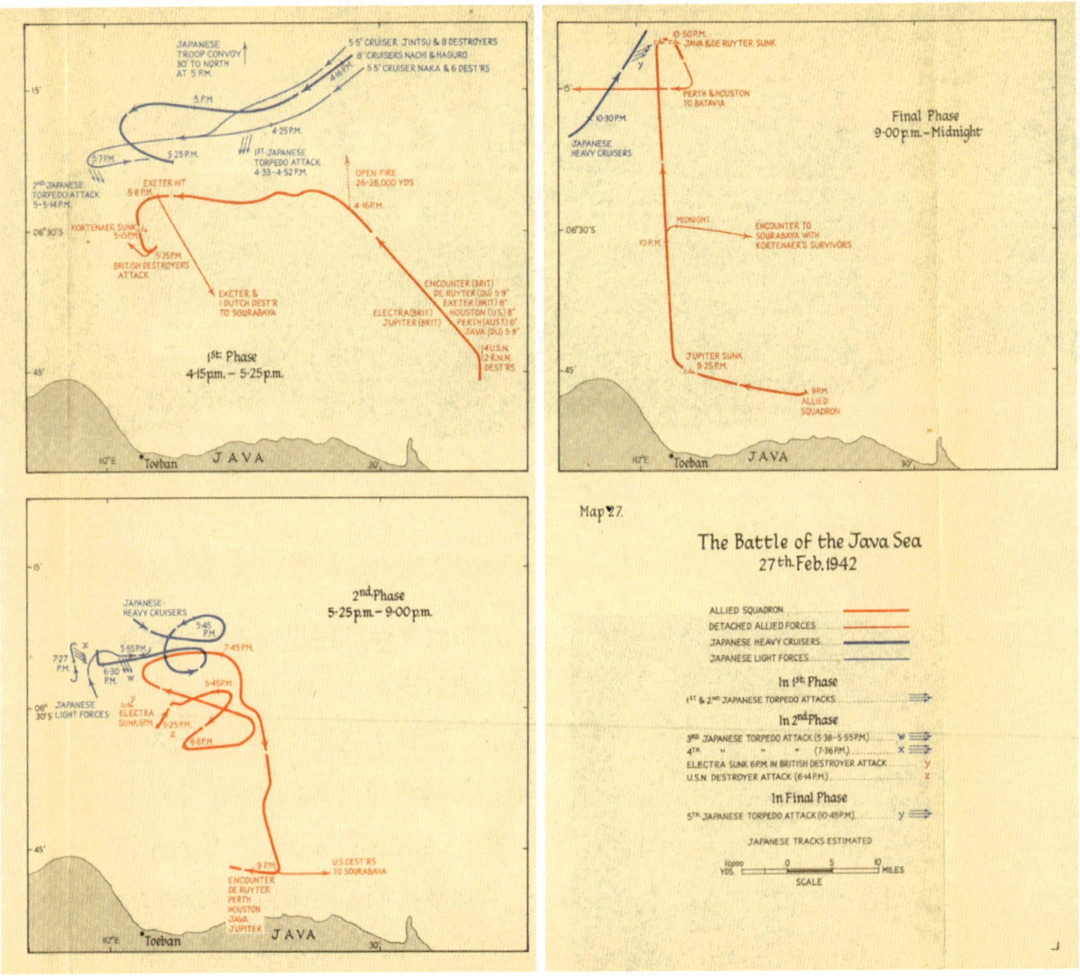

爪哇海海战中盟军和日本舰队动向的作战示意图。

官是美国海军上将哈特，但荷兰人希望由他们自己人——赫尔弗里赫海军中将来指挥。赫尔弗里赫在当地长大，对那里非常熟悉。2 月 16 日，不仅这一地区的盟国海军归他指挥，就连陆海空三军所有残余部队都听命于他。这支部队被称为“ABDA”，是四个盟国英文名称的首字母。

2 月 25 日，赫尔弗里赫在他西爪哇的总部收到空中侦察报告，报告称日本三支大型舰队正朝爪哇驶来，准备入侵。赫尔弗里赫的副手是另一位荷兰人，海军少将卡雷尔·杜尔曼，他决定迎战第一支入侵舰队。2 月 26 日，杜尔曼率领一支盟军舰队从苏腊巴亚出海，他的旗舰是装备 6 英寸（150 毫米）炮的巡洋舰“德·鲁伊特”号。由于没有航空母舰，他无法获得侦察报告，从赫尔弗里赫的司令部获得的情报也很有限。在舰队中，有 2 艘装备 8 英寸（200 毫米）火炮的重巡洋舰，分别是英国皇家海军“埃克塞特”号和美国海军“休斯敦”号。“埃克塞特”号上的船员经验丰富，由奥利弗·戈登上校指挥。还有澳大利亚巡洋舰“珀斯”号以及荷兰巡洋舰“爪哇”号，均装备 6 英寸（150 毫米）火炮。此外，还有 9 艘驱逐舰，分别是英国皇家海军的“厄勒克特拉”号、“遭遇”号和“朱庇特”号，荷兰皇家海军的“科尔特纳”号和“威特·德·威斯”号，美国海军的“奥尔登”号、“约翰·D. 爱德华兹”号、“约翰·D. 福特”号和“保罗·琼斯”号，但美国的这几艘驱逐舰比较老旧。此前，这些战舰几乎都已在海上连续航行一段时间，船员和战舰的状态都受到了影响。

2 月 27 日下午，盟军发现日军的 1 艘巡洋舰和多艘驱逐舰。这是由 41 艘运输船组成的入侵舰队，由 13 艘驱逐舰和 2 艘轻巡洋舰护航。舰队指挥官高木武雄海军少将还有 2 艘重巡洋舰“那智”号和“羽黑”号。它们的火力更强，均装备 10 门 8 英寸（200 毫米）火炮和鱼雷。日本巡洋舰于下午 4 点发动攻击，首先冲向“埃克塞特”号和“休斯敦”号。起初，杜尔曼的舰队向前推进攻击日军护航舰队，但由于盟军之间通信不畅和天气恶劣，他们受到阻碍。1 小时后，一发炮弹在“埃克塞特”号锅炉房里爆炸，使所有锅炉瘫痪，不得不在“威特·德·威斯”号陪同下返回苏腊巴亚。荷兰皇家海军的“科尔特纳”号被日军鱼雷击中，随后沉没。英国皇家海军的“厄勒克特拉”号遭受重创并燃起大火，舰上人员不得不弃船，另一艘船“朱庇特”号被一枚水雷炸沉。夜幕降临时，盟军舰队一分为二，驱逐舰返回苏腊巴亚，仅有 4 艘巡洋舰与杜尔曼一同留下。“德·鲁伊特”号和“爪哇”号被鱼雷击沉，两舰只有 111 人获救。剩下的 2 艘船，“珀斯”号和“休斯敦”号，则因

英国皇家海军“埃克塞特”号沉没。它的大部分船员幸存下来并被日本人救起。然而，战俘营里的恶劣条件导致大约四分之一的人在囚禁中死亡。

受损退出战斗。杜尔曼的东方攻击舰队未能实现阻止日本入侵舰队这一不切实际的目标，但确实将入侵推迟了一天。

在苏腊巴亚，幸存的战舰有“埃克塞特”号、“遭遇”号、荷兰的“威特·德·威斯”号和4艘美国驱逐舰，此外还有因维修而没有与攻击舰队一起出航的美国海军舰艇“教皇”号。盟军高层命令这些战舰离开此地，2月28日晚，4艘美国驱逐舰在夜幕掩护下通过巴厘海峡逃入印度洋。“威特·德·威斯”号需要留在原地进行修理，因此“埃克塞特”号、“遭遇”号和“教皇”号驶向巽他海峡，“埃克塞特”号无法选择与美国驱逐舰相同的航线，原因是巴厘海峡的水太浅。

荷兰皇家海军“威特·德·威斯”号。爪哇海海战是它第一次，也是最后一次海战。

进入爪哇海后，3 艘战舰一路平安无事，直到次日清晨，日军侦察机发现了它们，到上午 10 点左右，日军将其包围。在战斗到弹药耗尽后，指挥官下达了弃船命令，“埃克塞特”号沉没。几分钟后，“遭遇”号也沉入大海。“教皇”号舰长希望能够逃脱，但它被日本轰炸机追杀，最终于 3 月 1 日下午沉没。

美英荷澳盟军的主要海军力量几乎被完全摧毁，损失了 10 艘船，大约 2173 人丧生。爪哇海海战结束了盟军在东南亚的重大海军行动。此后，日本侵占爪哇，控制了整个荷属东印度群岛，获得这里宝贵的粮食和石油资源。最后一批盟军于 3 月投降，盟军空军撤退到澳大利亚。

珊瑚海海战

Battle of the Coral Sea

1942 年

1942 年，日本加强了对东方的控制，控制了中国大部分地区，占领了菲律宾、马来亚和缅甸仰光。澳大利亚最北部的城镇达尔文，遭遇了日本空袭，此事证明，澳大利亚已面临威胁。

盟军需要进行彻底反思，英国远东舰队当时驻扎在锡兰（今斯里兰卡）。意识到风险后，舰队司令詹姆斯·萨默维尔上将将舰队转移到阿杜环礁的深水锚地。4 月 5 日，由南云忠一上将指挥的包括“赤城”号和“加贺”号航空母舰在内的日军舰队准备攻击科伦坡，却发现英国舰队已经离开。日本人未能重演珍珠港事件，他们唯一的胜利是摧毁了两艘排水量 10000 吨的英国巡洋舰，即“多塞特郡”号和“康沃尔”号，这两艘巡洋舰正在前往加入萨默维尔舰队的路上。第二天早上，1100 名幸存者被接走。日军还在锡兰北海岸发现并击沉了排水量 11000 吨的“竞技神”号航空母舰。

与此同时，作为对珍珠港事件的反击，美国人采取了一项非常大胆的行动。两艘航空母舰从中途岛的美国前进基地驶向日本。16 架远程轰炸机将日本本土直接变为战场，成功轰炸了东京的多个目标和横滨的海军造船厂。在未能找到英国远东舰队以及本土遭受攻击之后，日本人

杜立特空袭（盟军对日本首都东京的轰炸任务）前美国“大黄蜂”号上的轰炸机。

南云忠一上将。他领导的第1航空舰队是偷袭珍珠港的主力战斗群，他在锡兰岛附近的突击行动促成了珊瑚海海战。

重新考虑了他们的计划。他们现在的首要任务是巩固其太平洋基地，于是珊瑚海周围的岛屿成为他们的下一个目标。日军挥师东进，来到了新不列颠岛、新爱尔兰岛、新几内亚岛和所罗门群岛，他们计划从这里夺取中途岛，这将使其处于攻击夏威夷的位置。

美国人拥有高效的密码破译团队，因此知道了日本人的计划，于是他们向珊瑚海派出了两个航母编队：可以支持60架飞机的“列克星敦”号，以及“约克城”号，另外还有护航的巡洋舰和驱逐舰。在弗兰克·弗莱彻少将指挥下，他们于5月5日在瓜达尔卡纳尔岛以南集结，然后前去拦截日军。日本人有两支编队，其中较大的编队有两艘航母，即“翔鹤”号和“瑞鹤”号，每艘可搭载84架飞机。第二支编队由一艘较小的航母“祥凤”号及其护航舰船组成。

由澳大利亚和美国巡洋舰组成的先头部队发现了“祥凤”号，并成功地迅速将其击沉，在此过程中仅损失了3架飞机。接下来的战斗就没有那么简单了。此时，是雾蒙蒙的天气，还下了一些热带雨。弗莱彻少将和高木武雄中将在能见度低的情况下互相搜寻对方。5月8日，双方均知晓对方的位置，从甲板上紧急出动轰炸机和战斗机。美军成功轰炸了“翔鹤”号，使其燃起大火，而日军飞机则瞄准了盟军较大的航母“列克星敦”号，并击中了两处，导致其倾斜。日军下一波俯冲轰炸机

美国海军“列克星敦”号在珊瑚海海战中沉没。它原本是战列巡洋舰，在1922年被改装成航空母舰，因此成为最早的航空母舰之一。

和鱼雷轰炸机扑向“约克城”号，“约克城”号虽然被击中，但仍然设法避开了鱼雷，防空炮组也取得了很好的战果，他们击落了 26 架日军飞机。

日本飞行员完成任务返航时，飞机在海上的局限性就暴露出来。他们无法在受损的“翔鹤”号航空母舰上降落，只得飞向“瑞鹤”号，导致其难以承受。试图降落的飞机众多，一些飞机因燃料耗尽而坠入海中。“翔鹤”号最终成功返回日本，但日本舰队却无法完成其建立前沿基地的计划。

“列克星敦”号和“约克城”号驶回珍珠港，但在途中发生的大爆炸摧毁了“列克星敦”号，并导致 200 名船员丧生，36 架飞机被毁。对于美国、澳大利亚和新西兰三国盟军而言，他们在珊瑚海海战中战胜了更强大的日本军队，而代价是损失一艘小型航空母舰。从此，盟军在太平洋上开始了艰难的反攻。

正遭受攻击的“翔鹤”号。这艘日本航空母舰在战斗中幸存下来，并最终于 1944 年被美军击沉。差一点就击中该舰的美军炸弹落入水中后掀起巨大的水花。

中途岛海战

Battle of Midway

1942 年

直到 1942 年 6 月，日本人仍然可以声称取得了一系列胜利，尽管 5 月的珊瑚海海战表明美国巡洋舰舰队的实力仍在。然而，这并没有阻止日本咄咄逼人的扩张计划。日本联合舰队总司令山本五十六大将决心彻底消灭美国太平洋舰队。日本收到报告称，美国只有 4 艘航空母舰，而日本太平洋舰队有 7 艘大型和 4 艘小型航空母舰。日军的计划是入侵美国的前进基地中途岛，同时通过攻击阿拉斯加附近的阿留申群岛来转移美军注意力。

山本五十六在“大和”号——拥有 18 英寸（450 毫米）火炮的 65000 吨新型战列舰——升起将旗时，他并不知道美国情报部门已经知道这项计划，因为他们通过密集的情报工作部分破译了日军密码。因此，美国太平洋舰队总司令切斯特·尼米兹上将将舰队部署在中途岛以北待命，并保持侦察巡逻。

纸面上的数字对尼米兹不利，因为他没有战列舰，而日本人有 11 艘。他有两艘航空母舰 ：“大黄蜂”号和“企业”号。第三艘航空母舰“约克城”号，在 5 月的珊瑚海海战中受损。为了确保这艘航母在 48 小时内准备就绪，而不是预计的 90 天，一支 1400 人的部队在珍珠港不眠

切斯特·尼米兹。取得中途岛海战胜利后，尼米兹作为美国太平洋舰队总司令，继续对日本发动进攻。这最终导致1945年9月2日尼米兹在“密苏里”号上签署日本投降书，从而正式宣告战争结束。作为潜艇专家，尼米兹后来还监督了美国核潜艇计划的早期发展。

不休地工作。即便如此，日本人有8艘航空母舰，载有700架飞机，而美国人总共只有300架飞机。其他数字也很糟糕：巡洋舰，美军13艘，日军22艘；驱逐舰，美军28艘，日军65艘；潜水艇，美军19艘，日军21艘。

6月3日，杰克·里德少尉驾驶“卡特琳娜”水上飞机执行巡逻任务，上午9点他第一个发现日本舰队。虽然当时他报告说是主战舰队，但他看到的是田中赖三少将指挥的运输船队。美军派出9架B-17“飞行堡垒”轰炸机前去攻击，虽然他们乐观地认为已经与对方发生接触，但没有成功。弗莱彻少将明智地认为这不是日军主力舰队，并将航空母舰转移到西南方去保护中途岛。在北方的阿留申群岛，由细萱戊子郎中

9月20日
1號艦

将指挥的分舰队负责转移美军注意力，派出航母舰载机攻击荷兰港，破坏其设施。

与此同时，6月4日凌晨5点30分，尼米兹得知了日军主力攻击舰队的位置，这是由另一名“卡特琳娜”飞行员发现的。108架飞机从南云忠一指挥的第一航空母舰打击舰队的“赤城”号、“加贺”号、“飞龙”号和“苍龙”号航母起飞，其中包括俯冲轰炸机、鱼雷攻击机以及性能强大的“零式”战斗机。由于雷达预先发出警告，到早上6点，所有美军飞机都已升空。日军轰炸机造成了相当大的损失，而他们的战斗机则击落了15架美军飞机。日军只损失6架飞机。另一方面，美军轰炸机也攻击了日军航空母舰，但收效甚微，损失了大量飞机。在美国海军陆战队用于防御的26架战斗机中，有17架被击落。情况并不乐观，但中途岛的机场仍然可以使用。

日本情报部门获悉美军航母从珍珠港出发的动向，认为美军至少有一支特混舰队在海上，但山本五十六坚持严格

日本“大和”号战列舰。“大和”号于1940年下水，它姊妹舰“武藏”号是有史以来吨位最大的战列舰。它们的18.1英寸（460毫米）主炮是有史以来安装在军舰上口径最大的火炮。

的无线电静默，没有收到这一情报。防守严密的日军航母首先遭到从3艘美军航母起飞的鱼雷轰炸机的攻击，后续跟进的是“企业”号和“约克城”号的俯冲轰炸机。但美军战斗机和轰炸机并没有命中目标，自身损失不断增加，而日本舰队却没有任何损失。随后，“企业”号的37架俯冲轰炸机在麦克拉斯基少校带领下赶来。他将机队分成两组，一半飞机攻击“加贺”号，另一半飞机攻击“赤城”号，此时日本战机还没有获得足够的高度。海军陆战队航空兵部队的汤姆·摩尔上尉驾驶一架俯冲轰炸机，他和他的后方机枪手二等兵查尔斯·休伯，飞向“加贺”号和“赤城”号。他们驾驶战机穿过日本战机机群去轰炸目标，遭到了

一架坠毁的日本“零式”战斗机。在第二次世界大战中，很少有飞机像日军主力战机那样令人畏惧。在中途岛海战中，“零式”战斗机在与美国“野猫”战机较量时表现出色。

“零式”战机的攻击，休伯的腿中弹。摩尔驾驶受损的飞机返回，燃料有限，导航仪器也无法使用。他在中途岛降落时，剩下的燃料只能支撑两三分钟。

“赤城”号被击中3次，很快就燃起熊熊大火，大火又引爆了舰上的炸弹。“加贺”号被击中4次，舰上人员不得不弃船，有800人与它一起葬身海底。日军第三艘航空母舰“苍龙”号在没有战斗机掩护情况下遭到了来自“约克城”号的俯冲轰炸机攻击。它也严重受损并燃起大火，日军不得不将其放弃。“飞龙”号位于北方，从这艘航母起飞的日军战机跟随返航的美军飞机扑向“约克城”号。日军虽然有10架飞

准备从“企业”号起飞的战机。中途岛海战毫无疑问地证明了海战的未来在于使用航空母舰。

在中途岛海战中遭受重创的“约克城”号。在被鱼雷击毁之前，从“约克城”号起飞的战机帮助击沉了两艘日军航空母舰。该舰还在战斗中吸引了日军火力，以牺牲自己的代价拯救了其他美军战舰。

机被击落，但有6架轰炸机成功重创“约克城”号，使其雷达和无线电停止工作，并迫使弗莱彻少将将其旗舰改为“阿斯托里亚”号。来自“飞龙”号的第二波日本鱼雷轰炸机成功击中“约克城”号两次，到下午3点左右，美军不得不放弃该舰，但舰上所有船员获救。

此时的“飞龙”号成为美军的重点打击对象。麦克拉斯基率领4架“道格拉斯”俯冲轰炸机在没有战机护航情况下从“企业”号上起飞，前去消灭最后一艘日本航母，尽管“飞龙”号上的高射炮竭尽全力射击，但美军飞机还是4次击中该舰。最终，日本人又损失了“飞龙”号，仍远离战场的山本五十六意识到他低估了参战美军航母的数量，于是叫停了这次行动。如果说战斗开始时的火力统计对日军大为有利，

日军“飞龙”号航母。它遭到猛烈攻击，最终在中途岛被击沉。舰上39名船员成功进入“飞龙”号小艇中避难，在漂流了14天后获救。

那么到战斗结束时的死亡率则说明了另一个问题，日军死亡人数超过3000人，而美军只有300多人阵亡。

这场胜利极大鼓舞了美国人民和所有盟国人民的士气。6月7日，各家报纸刊登了来自尼米兹上将的捷报。在捷报中，他透露了部分损失详情，此外，他认为部分受损的日本舰船可能无法成功回国，但他也警告说："对偷袭珍珠港的报复将一直持续，直到彻底摧毁日本的海上力量。我们已经在这方面取得重大进展。如果我们说离目标还有一半的距离，也许我们会得到原谅。"

中途岛海战是第二次世界大战的重要转折点，它让日本的军事扩张一下走到尽头，并充分证明航空母舰，而不是大型战列舰，此时已成为海上的主要力量。空中优势将成为这场战争余下阶段的关键因素。

瓜达尔卡纳尔岛战役

The Battles for Guadalcanal

1942 年

1942 年下半年，一座荒芜的小岛成为太平洋霸权争夺战的焦点，制海权对盟军和日军同样重要。中途岛海战后，美国计划对日本人发动攻势，但高级参谋人员在选定进攻目标时意见不一致。然而，情报显示日本人正在攻占所罗门群岛的部分地区时，这个问题很快就得到解决。

这一连串的岛屿是日本扩张计划的关键，因为他们打算将其作为进攻澳大利亚的前沿基地。日军占领了一座名叫瓜达尔卡纳尔的小岛，并在岛上建立了空军基地。日本在该地区的主要基地是新不列颠岛上的拉包尔（属于今巴布亚新几内亚）。他们还占领了瓜达尔卡纳尔岛北部附近的图拉吉岛和佛罗里达岛的一部分。拉包尔拥有宏伟的港口，可以从 640 英里（1030 公里）外的日本主要基地特鲁克得到支援。对华盛顿而言，这些举动威胁到从美国到澳大利亚的补给线，道格拉斯 · 麦克阿瑟将军在澳大利亚布里斯班设有基地。在这里，麦克阿瑟正在为保卫澳大利亚和新西兰组建盟军部队，并计划进行反攻，解放菲律宾。

瓜达尔卡纳尔岛在盟军陆基战斗机的航程之外，但日本战机可以从拉包尔，位于今巴布亚新几内亚。在瓜达尔卡纳尔岛战役中，日军的增援和补给主要来源于这个港口，在任何时候都有大约 10 万日军驻扎于此。许多人住在复杂的地下系统中以躲避空袭。

P11-11

所罗门群岛的其他岛屿上到达。这使得航空母舰对盟军至关重要，因为它们可以为远程陆基轰炸机提供战机护航。1942 年 8 月 7 日，美国海军派 19000 名海军陆战队员登陆瓜达尔卡纳尔岛，击溃岛上日军。这些日军主要是修建空军基地的工兵部队，当时的空军基地只不过是这个多山的岛屿上的一块平地而已。海军陆战队占据一块面积为 15 平方英里（39 平方公里）的区域，其中包括一座改名为亨德森机场的简易机场，它可以作为航母舰载机的临时基地。在接下来的 6 个月里，为了争夺这座小岛的控制权以及简易机场的使用权，战斗几乎每天都在岛上、岛周围、海上和空中持续进行。从拉包尔出发的护航船队为岛上日军运送补给，船队沿着岛屿之间的海峡航行。这条海峡被称为“狭槽”。日军主要在夜间从运输船上卸货，这些运输船队被称为“东

美国海军陆战队在瓜达尔卡纳尔岛登陆。夺取和保住该岛的战役是这场战争中最激烈、最血腥的战役之一。它的战略重要性对双方都至关重要。

京快车”。这场战役由一系列漫长而艰苦的战斗组成，在日本海军与美国海军以及澳大利亚皇家海军之间进行。

萨沃岛海战

美国海军陆战队夺取瓜达尔卡纳尔岛的空军基地使日本人措手不及，他们随后发动反击。8 月 8 日，三川军一中将率领 3 艘轻巡洋舰和 5 艘重巡洋舰离开拉包尔。这支舰队主要在夜间航行，8 月 9 日凌晨，他们发现澳大利亚皇家海军的重巡洋舰“堪培拉”号和美国海军“芝加哥”号。三川的舰队随即开火，用鱼雷炸死了“堪培拉”号舰长和舰桥上所有人员，还摧毁了“芝加哥”号。重巡洋舰“文森斯”号和“昆西”号也被摧毁，“阿斯托里亚”号比较幸运，但也受损严重。这对美

国和澳大利亚海军都是沉重打击。盟军有1023人死亡，709人受伤。“堪培拉”号上的819名澳大利亚官兵有193人伤亡，其中84人丧生，包括格廷舰长。

黎明时分，三川中将率舰队迅速返回拉包尔，但返航途中重巡洋舰“加古”号被美国潜艇击沉，对于刚刚度过灾难性一夜的盟军而言是个小小的安慰。然而，瓜达尔卡纳尔岛的机场此时已完工，成为拥有美国航母舰载战机支援的重要空军基地。三川的这次行动让日军大受鼓舞，他们决心不再重复中途岛的损失，并计划夺取瓜达尔卡纳尔岛周围水域的控制权。

萨沃岛海战中，美军舰艇营救澳大利亚皇家海军“堪培拉”号上的船员。“堪培拉”号被日军重创至无法修复，由于无法将其拖到安全的港口，美国海军“埃利特”号故意用鱼雷将其击沉。

东所罗门群岛海战

“加号行动”旨在增援瓜达尔卡纳尔岛上的日军地面部队并歼灭盟军的海军部队。在这场海战中，所有战斗都是由航母上的飞机或岸基飞机完成的，双方舰队实际上并没有看到对方。日军的主要目标是美国航空母舰“企业”号以及为它护航的战舰“波特兰”号。日军飞机的攻击损坏了“企业”号转向控制装置。然而，美军在损害控制方面进行过艰苦的训练，舰上的维修人员解决了相关问题，使它能够以 15 节的速度继续前进。经过这场战斗，日军损失了 1 艘轻型航母和大约 90 架飞机，而美军则损失了大约 20 架飞机，“企业”号也受损。双方均未取得明显的胜利，但是为瓜达尔卡纳尔岛运送部队和装备的日本船队被迫折返。

东所罗门群岛海战中遭受攻击的“企业”号航母。日军在三个不同场合错误地宣布“企业”号被击沉，为它赢得了“灰色幽灵”的绰号。

埃斯佩兰斯角海战

10月11日，日军派出一支大型船队增援在瓜达尔卡纳尔岛作战的地面部队。同时，他们计划用3艘重巡洋舰和2艘驱逐舰组成特遣舰队对亨德森机场发动攻击。诺曼·斯科特少将拥有由4艘巡洋舰和5艘驱逐舰组成的特遣舰队，双方于午夜之前在埃斯佩兰斯角附近相遇。斯科特的舰队击沉日军1艘巡洋舰和1艘驱逐舰，重创另一艘巡洋舰，成功迫使日本海军放弃轰炸机场的计划。美军也损失了1艘驱逐舰和1艘巡洋舰。然而，斯科特没能阻止日军补给船队完成其任务。

圣克鲁斯海战

日军依然决心让其增援部队在瓜达尔卡纳尔岛登陆，他们需要将盟军舰队从这一地区驱逐出去。10月24日，美军航母部队在圣克鲁斯海战中与日军航母部队相遇。日军3艘航母和5艘巡洋舰被“企业”号和“大黄蜂”号的飞机击伤。“大黄蜂”号在交战中严重受损，美军不得不将其击沉，“企业”号也受损，不得不撤退，但日军并未实现其彻底击溃盟军舰队的计划。日军损失了大量飞机，数量将近100架，但由此带来的更大问题是损失了经验丰富的机组人员。美军损失了81架飞机，但这场战斗的主要好处是减少了日军航母部队对后期战役的参与。与此同时，在瓜达尔卡纳尔岛上，双方地面部队之间的激烈战斗仍在继续。

在圣克鲁斯海战中孤立无援的“大黄蜂”号。“大黄蜂”号于 1941 年 10 月 20 日服役，一年零六天后被击沉。迄今为止，“大黄蜂”号是最后一艘被敌方火力击沉的美军舰队航母。

日本“雾岛”号战列舰。在装备更好的“华盛顿”号战列舰攻击下，“雾岛”号被敌方炮火击中 26 次。1942 年 11 月 15 日凌晨 3 点 30 分，在舰上人员成功撤离后，该舰倾覆沉没。

瓜达尔卡纳尔岛海战

11 月 12 日，卡拉汉少将率领巡洋舰舰队与日本帝国海军交战，再次阻止他们增援瓜达尔卡纳尔岛。日军有两艘战列舰，“比睿”号和“雾岛”号，由阿部弘毅中将指挥。日军在夜战方面训练有素，而美军则相形见绌，这导致他们损失惨重。尽管寡不敌众，卡拉汉的巡洋舰舰队依然表现英勇，经常在非常近的距离内与敌人作战。日军击毁了 1 艘战列舰，击沉了 3 艘巡洋舰，其中包括“朱诺”号和几艘驱逐舰。卡拉汉和其他 3 名高级军官在旗舰“旧金山”号重巡洋舰上阵亡，导航官在舰桥上受重伤。诺曼 · 斯科特少将在“亚特兰大”号遭受重创时也为国捐躯。卡拉汉和斯科特是在这场为期 6 个月的战役中战死的两名军衔最高的军官。尽管尽了最大努力，还是无法挽救“亚特兰大”号，指挥官于是下令弃船，船员们乘坐登陆艇上岸，只有一小队爆破人员留下来将战舰炸沉，然后乘坐小船前往瓜达尔卡纳尔岛。

此战拉开了这场持续 3 天的海战序幕。三川军一和田中赖三再次试图在夜间让部队登岛。尽管对手是金凯德上将率领的由“华盛顿”号、“南达科他”号战列舰以及“企业”号航空母舰组成的战斗群，他们仍然成功轰炸了亨德森机场，并将一些部队送上岸。11 月 14 日晚，近藤信竹中将率领 4 艘巡洋舰和多艘驱逐舰与金凯德的舰队相遇，近藤信竹的战列舰“雾岛”号在短短 7 分钟内被“华盛顿”号击毁。美军损失了 2 艘轻巡洋舰、4 艘驱逐舰以及 35 架飞机，3 艘驱逐舰受损。日军则损失了 2 艘战列舰、1 艘重巡洋舰、3 艘驱逐舰、11 艘运输船和 64 架飞机。日军的失败也结束了他们将盟军逐出所罗门群岛东部的最后一次重大尝试。

塔萨法隆格海战

塔萨法隆格位于瓜达尔卡纳尔岛北部海岸，这又是一场阻止日军在 11 月下旬登陆的战斗。美军拥有的优势是装备了水面搜索雷达，这在当时是非常新奇的科技。他们利用雷达来发现日军舰船，并击沉了对方 1 艘驱逐舰。日本人的“长枪”鱼雷为他们提供了优势，这是一种可怕的武器，日军用它击沉了美军 1 艘巡洋舰并损坏了另外 3 艘。但日军无法让他们的增援部队在岛上登陆，而岛上的部队虽然遭受重创，但此时仍在做垂死挣扎。日军针对该岛的作战计划就此终结，到 12 月底，日

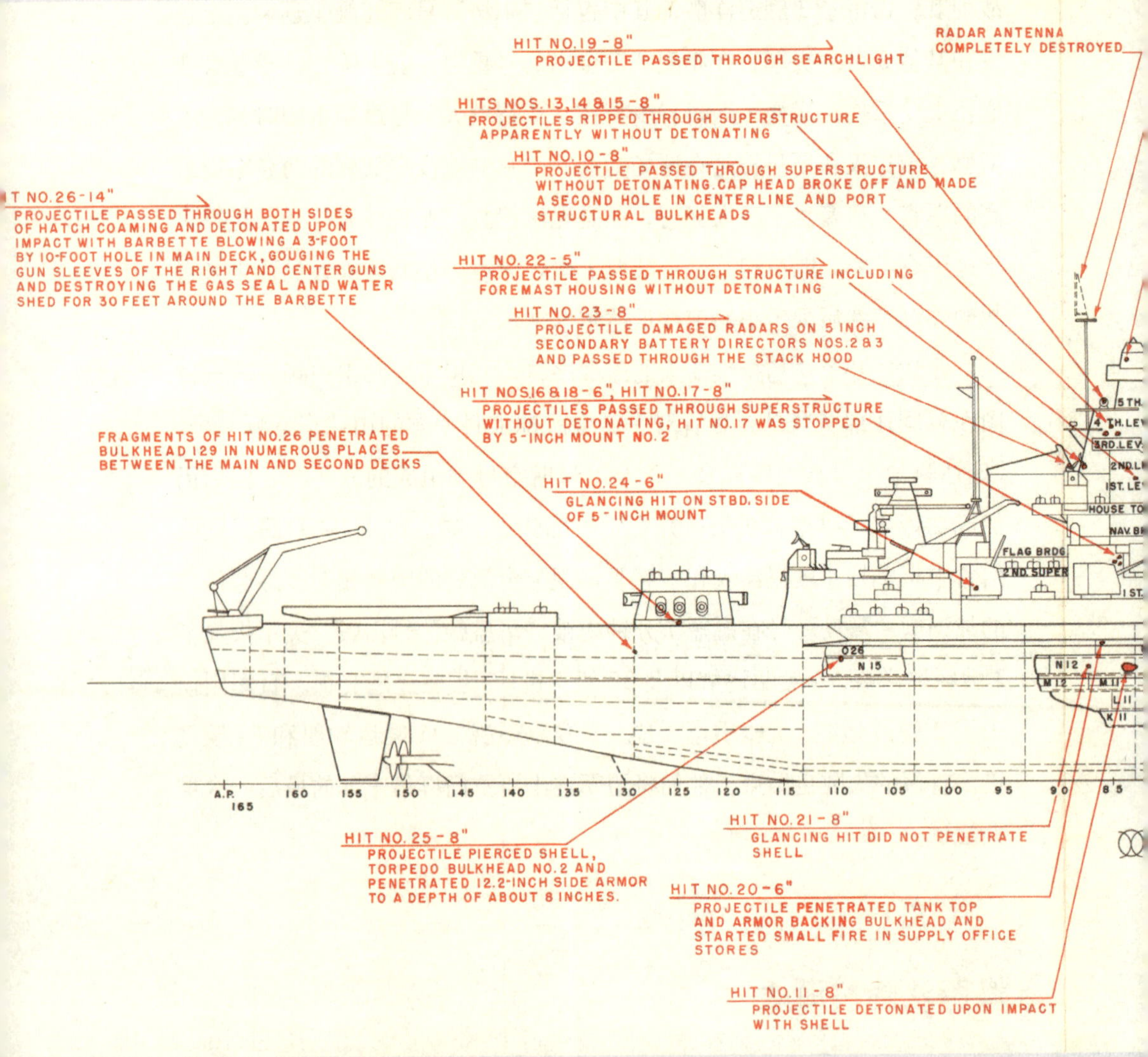

“南达科他”号战列舰在瓜达尔卡纳尔岛海战中的战损图。图中显示了它所遭受的二十多次打击的详情。令人惊讶的是，虽然该舰上层建筑严重受损，但仍然漂浮在水中。该舰被送回美国进行维修，修复后继续奔赴战场。

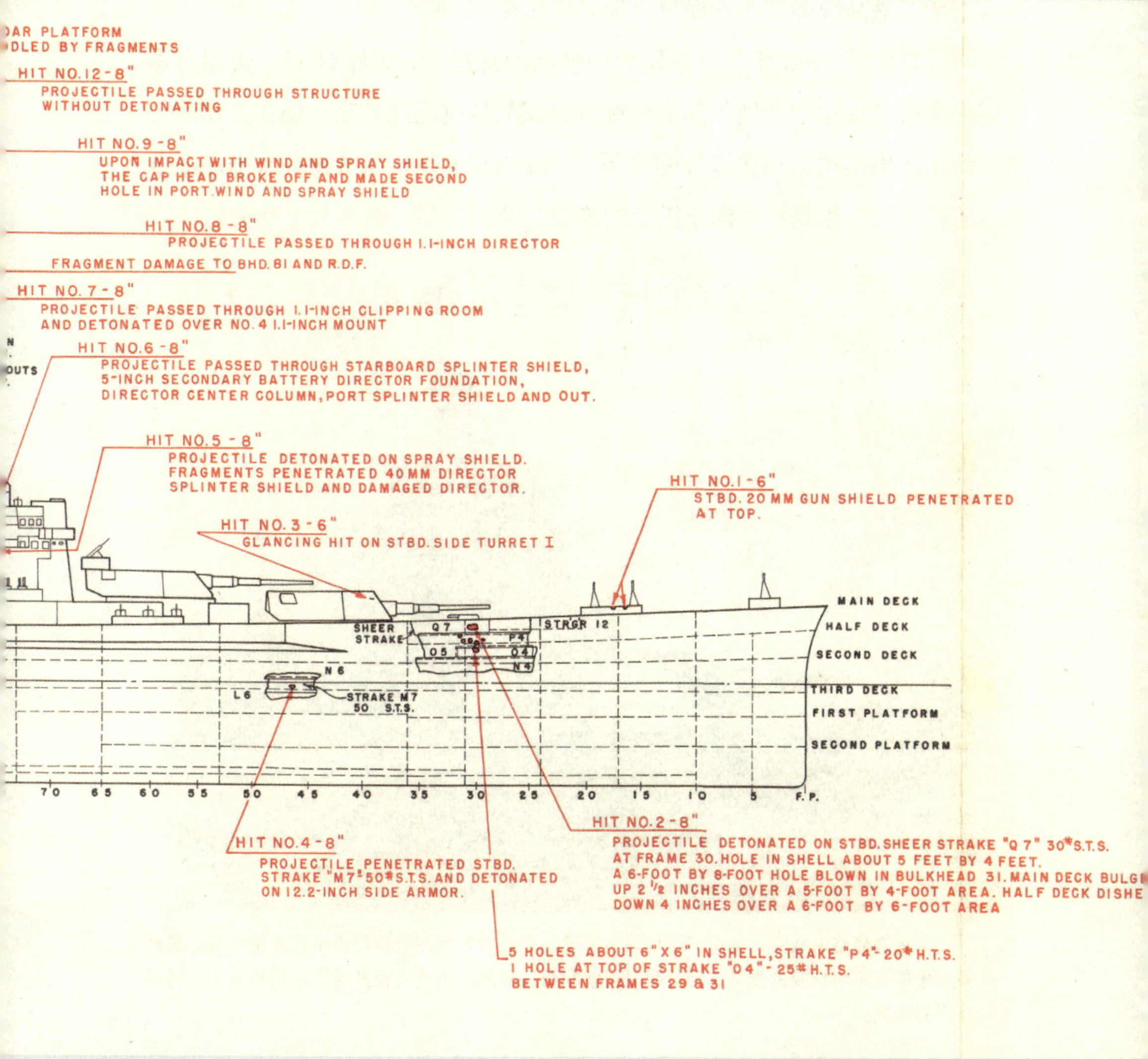

DAR PLATFORM
DDLED BY FRAGMENTS
HIT NO.12-8"
PROJECTILE PASSED THROUGH STRUCTURE WITHOUT DETONATING
HIT NO.9-8"
UPON IMPACT WITH WIND AND SPRAY SHIELD, THE CAP HEAD BROKE OFF AND MADE SECOND HOLE IN PORT WIND AND SPRAY SHIELD
HIT NO.8-8"
PROJECTILE PASSED THROUGH 1.1-INCH DIRECTOR
FRAGMENT DAMAGE TO BHD. 81 AND R.D.F.
HIT NO.7-8"
PROJECTILE PASSED THROUGH 1.1-INCH CLIPPING ROOM AND DETONATED OVER NO. 4 1.1-INCH MOUNT
OUTS
HIT NO.6-8"
PROJECTILE PASSED THROUGH STARBOARD SPLINTER SHIELD, 5-INCH SECONDARY BATTERY DIRECTOR FOUNDATION, DIRECTOR CENTER COLUMN, PORT SPLINTER SHIELD AND OUT.
HIT NO.5-8"
PROJECTILE DETONATED ON SPRAY SHIELD. FRAGMENTS PENETRATED 40 MM DIRECTOR SPLINTER SHIELD AND DAMAGED DIRECTOR.
HIT NO.1-6"
STBD. 20 MM GUN SHIELD PENETRATED AT TOP.
HIT NO.3-6"
GLANCING HIT ON STBD. SIDE TURRET I
MAIN DECK
HALF DECK
SECOND DECK
THIRD DECK
FIRST PLATFORM
SECOND PLATFORM
SHEER STRAKE
Q 7
STRGR 12
P 4
O 5
O 4
N 4
N 6
L 6
STRAKE M7 50 S.T.S.
70
65
60
55
50
45
40
35
30
25
20
15
10
5
F.P.
HIT NO.4-8"
PROJECTILE PENETRATED STBD. STRAKE "M7"-50# S.T.S. AND DETONATED ON 12.2-INCH SIDE ARMOR.
HIT NO.2-8"
PROJECTILE DETONATED ON STBD. SHEER STRAKE "Q 7" 30# S.T.S. AT FRAME 30. HOLE IN SHELL ABOUT 5 FEET BY 4 FEET. A 6-FOOT BY 8-FOOT HOLE BLOWN IN BULKHEAD 31. MAIN DECK BULG UP 2 1/2 INCHES OVER A 5-FOOT BY 4-FOOT AREA. HALF DECK DISHE DOWN 4 INCHES OVER A 6-FOOT BY 6-FOOT AREA
5 HOLES ABOUT 6"X6" IN SHELL, STRAKE "P4"-20# H.T.S.
1 HOLE AT TOP OF STRAKE "O4"-25# H.T.S.
BETWEEN FRAMES 29 & 31

本帝国最高统帅部下令撤离该地区的军队。

日军于 1943 年 1 月从所罗门群岛南部撤军，2 月 11 日，美国海军报告称“瓜达尔卡纳尔岛上所有有组织的抵抗已经结束。现在的作战行动是派出巡逻队扫荡零散的敌军”。瓜达尔卡纳尔岛战役是太平洋战争的转折点，也是日军向东扩张的终点。从此以后，日军处于守势。

塔萨法隆格海战中，美军“明尼阿波利斯”号巡洋舰舰艏被鱼雷击中后发生断裂。虽然看起来像是不可修复的损坏，但“明尼阿波利斯”号的船员成功使其继续浮在水面上，并最终得到修复。

北角海战

Battle of North Cape

1943 年

海军上将布鲁斯·弗雷泽爵士。作为“约克公爵”号指挥官，他在摧毁“沙恩霍斯特”号的同时，为3年前被“沙恩霍斯特”号击沉的“光荣”号航母报了一箭之仇，他曾担任过该舰指挥官。

1943 年底，希特勒向德国舰队施压，要求证明其价值，此时的德国舰队拥有“提尔皮茨”号战列舰、“沙恩霍斯特”号战列巡洋舰以及多艘巡洋舰。德国和苏联之间的战争进展并不顺利，陆军需要海军的支援。英国人持续向俄国北部派遣补给船队。1942 年 9 月，代号“PQ18”的运输船队成功运送 15 万吨重要物资和补给品。1943 年 12 月，德国海军总司令邓尼茨海军元帅决定派出第一战斗群攻击下一支运输船队。

1943 年 3 月，北极运输船队被丘吉尔暂时叫停。问题在

“沙恩霍斯特”号。在战争初期，“沙恩霍斯特”号与姊妹舰“格奈森瑙”号一起成为盟军船只的灾难。在挪威沿海的一次交战中，面对英国皇家海军“声望”号和“光荣”号，它创造了历史上最长距离的舰炮射击命中，在大约 15 英里（24.2 公里）的距离上击中了“光荣”号。

于，保护英国和欧洲水域的英国本土舰队总司令、海军上将布鲁斯·弗雷泽爵士手中的资源有限。然而，对德国舰船的坚决攻击减少了威胁，到 11 月，弗雷泽认为运输船队可以恢复。最初的几支运输船队很成功，顺利通过，但后来有报告说，德国人发现了一支向东行驶的代号“JW55A”的运输船队，对于增加的风险，英国人变得警惕起来。弗雷泽乘坐旗舰“约克公爵”号出发，与海军部队一起演练他制定的战术。

代号“JW55B”的北极运输船队于1943年12月20日离开苏格兰西部的埃维湾（Loch Ewe），“RA55A”的船队从相反方向驶来，它们在成功完成任务后空载返回。

这个季节的北极，一天中大部分时间都是黑夜，德军各个指挥部对于攻击运输舰队都感到有些紧张和不确定。邓尼茨元帅本人在巴黎，尽管天气非常恶劣，有些人认为这将降低德国驱逐舰的效率并限制德国空军的行动，他依旧敦促他们继续行动。正如后来发现的那样，德国空军的报告含糊不清、不准确，而且他们与“沙恩霍斯特”号的通信非常缓慢。此时掌管德国舰队的人是贝伊上将，他是临时指挥官，接替已于

11 月休假的库梅茨上将。

圣诞节那天，“沙恩霍斯特”号带着 2000 人和 5 艘随行的驱逐舰起航。贝伊在这个阶段收到了一连串命令，但并非所有命令都是明确的，他离开的速度非常快，以至于两艘扫雷舰还没来得及为他开路。当时的天气状况非常差，海况恶劣，在巨浪和大雪中保持结伴而行是非常困难的。早上，5 艘驱逐舰被派往前方寻找英国运输船队，但随后与“沙恩霍斯特”号失去联系，贝伊继续独自向北航行。向“沙恩霍斯特”号驶去的是由弗雷泽上将的舰队保护的运输船队。共有两支运输船队，每支船队均有自己的护卫舰队，还有一支由“贝尔法斯特”号、“诺福克”号和“谢菲尔德”号组成的巡洋舰舰队，由海军中将伯内特指挥。伴随弗雷泽的“约克公爵”号战列舰的是“牙买加”号巡洋舰和 4 艘驱逐舰。

12 月 26 日上午 8 点 34 分，伯内特的雷达发现“沙恩霍斯特”号在运输船队以南 30 英里（48 公里）处。“谢菲尔德”号试图通过发射照明弹来照亮战场，但没有成功。于是，“诺福克”号依靠其雷达探测范围，开火并击中“沙恩霍斯特”号，导致其前向雷达损坏。贝伊决定尝试对运输船队造成伤害，然后加速离开，但伯内特选择了一条更短的路线，使其舰队保持在德国战列

“谢菲尔德”号上被白雪覆盖的探照灯，突显了舰艇和船员在北极执行护航任务时遇到的极端天气条件。

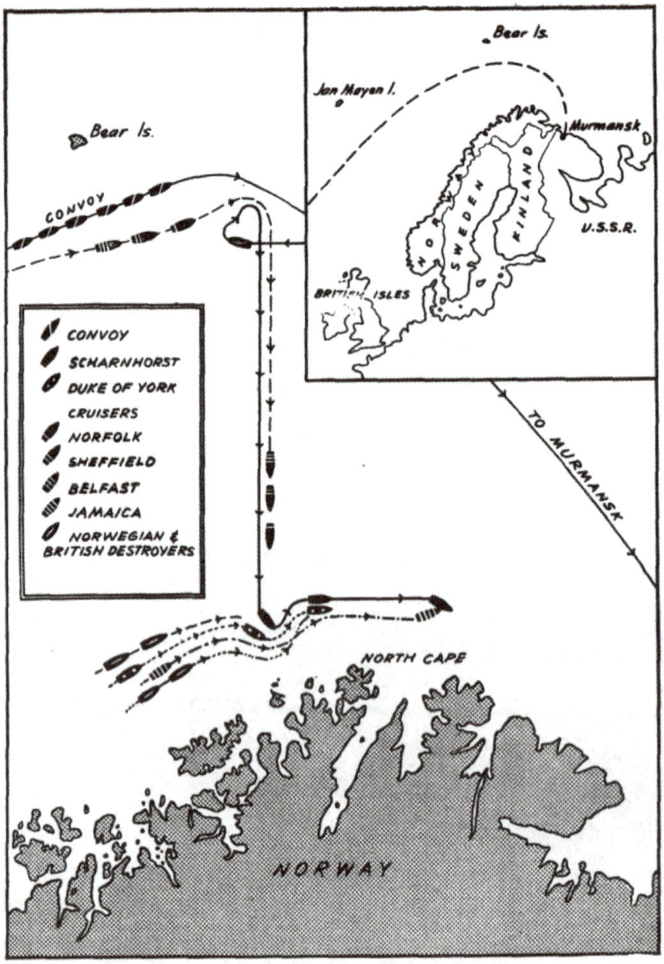

这幅北角海战的作战示意图显示了“沙恩霍斯特”号是如何落入英军设置的陷阱，当时它被“诺福克”号、“谢菲尔德”号和“贝尔法斯特”号追击，迫使它驶向“约克公爵”号。

巡洋舰和运输船队之间，“谢菲尔德”号第二次发出“发现敌人”的信号。“沙恩霍斯特”号与伯内特的战舰交战，取得了一些成功，击中了“诺福克”号和“谢菲尔德”号。“诺福克”号雷达被摧毁，1名军官和6名士兵丧生。下午12点41分，贝伊决定返回基地，于是向他的驱逐舰发出信号，命令它们停止搜索运输船队。

伯内特紧随其后，并定期向弗雷泽报告，以便弗雷泽知道在哪里可以找到“沙恩霍斯特”号，其结果是，虽然“沙恩霍斯特”号是这片海域速度最快的战舰，但还是在4小时后落入英军设置的陷阱。下午5

点，一阵光亮照亮了“沙恩霍斯特”号，它成了英国战舰的目标。“约克公爵”号14英寸（356毫米）火炮造成了相当大的破坏，并进行了52次侧舷炮击，其中一些炮击距离德舰仅200码（183米）。“沙恩霍斯特”号进行了还击，但对“约克公爵”号造成的伤害有限，于是它试图逃跑。然而，由于锅炉房的损坏，它的速度受到致命影响，两队驱逐舰向它驶去，并调整好位置发射鱼雷。到了晚上7点01分，“约克公爵”号和“牙买加”号到达并继续攻击。45分钟后，“沙恩霍斯特”号沉没，2000名船员中只有36人幸存。

皇家海军实行的战列舰战术，为英国带来了这场胜利。驱逐舰和巡洋舰得到了有效利用，“约克公爵”号的火炮射击技术非常出色。军事界认为，这场海战在战斗的每个层面和阶段都体现了卓越的指挥和控制。然而，这是英国战列舰最后一次与敌方战列舰作战。

“谢菲尔德”号。作为第一艘装备雷达的皇家海军舰艇，它帮助追赶“沙恩霍斯特”号，使其与“约克公爵”号发生致命的相遇。

马岛战争
The Falklands War

1982 年

马尔维纳斯群岛（简称马岛，英国称福克兰群岛）包括南乔治亚岛和南桑威奇群岛。到 1982 年，岛上人口约为 2000 人，经济上依赖羊毛出口。南乔治亚岛曾经是捕鲸站，后来主要用于南极科考工作。1981 年，阿根廷军政府发起外交攻势，声称对马岛拥有主权，主要是为了转移民众对国内经济问题的注意力。马岛居民强烈反对这一主张，英国政府不得不支持他们反对阿根廷。

首相撒切尔夫人的国防部长约翰·诺特领导了一次全面防务评估，作为该评估的一部分，英国皇家海军“坚忍”号——在南大西洋的破冰巡逻船——被撤回。撤走该地区唯一的皇家海军舰艇，看起来像是公开邀请阿根廷军政府夺取这些岛屿。1982 年 3 月，一群阿根廷人登上南乔治亚岛，声称他们是来回收废弃捕鲸设备的废料，这引起了伦敦方面的怀疑。阿根廷占领马岛的命令于 3 月 26 日下达，4 月 1 日至 2 日，150 名突击队员搭乘从“圣特立尼达”号驱逐舰起飞的直升机登岛。随后又有 600 人的部队登陆，由 81 名皇家海军陆战队员组成的驻军在寡不敌众的情况下投降了。4 月 4 日，阿根廷军队占领了南乔治亚岛。

这在英国引起了一场政治危机，并让许多英国人翻出地图册，寻找马岛的位置。对英国主权的这一侮辱行为需要快速回应，第一批军舰于 4 月 5 日离开朴次茅斯前往南大西洋。运输和补给是主要问题，因为皇家海军几乎没有合适的船只。皇家海军对商船进行改装，在船上设置直升机飞行甲板并安装海上加油设施，客轮“堪培拉”号被改装成可以运载 2200 名士兵的运兵船，集装箱船则充当飞机运输工具。库纳德（Cunard）邮轮公司的“QE2”号邮轮也承担了运送部队的任务。第 317 特遣部队由航空母舰和两栖部队组成，其旗舰是“竞技神”号航母，经改装后可起降“海鹞”战机。“无敌”号航母伴随该舰。还有 2 艘两栖作战舰艇“无惧”号和“无畏”号，以及皇家海军

皇家空军的“海鹞”战斗机。多用途和机动性强的“海鹞”战机从“无敌”号和“竞技神”号部署到马岛。尽管在数量上被阿根廷飞机超过，但没有一架“海鹞”在战争中损失。

在马岛作战的“海王”直升机。这种多用途直升机被用来将皇家海军陆战队部署到马岛的战略要地，并营救被击落的机组人员。

TOWNSEND THORESEN

辅助舰队的多艘载人登陆艇。第 324 特遣部队由 6 艘潜艇组成，包括“征服者”号和“勇气”号。当时正为 P&O 邮轮公司进行教学巡游的“乌干达”号，一艘 1952 年的蒸汽船，也被征用为医院船，在直布罗陀进行改装，并由 3 艘经过改装的皇家海军测量船“赫克拉”号、“海德拉”号和“先驱”号提供支持，它们将成为救护船。在朴次茅斯，“乌干达”号搭载了包括医生、手术室工作人员和护士在内的 136 名医务人员以及医疗用品。

英国宣布在马岛周围设立半径为 200 英里（322 公里）的禁航区，在这个禁航区内“阿根廷的船只和飞机将受到攻击”。马岛距离英国 4000 英里（6437 公里），在这样遥远的地方打仗有很多风险。英国高层

“征服者”号核潜艇。1982 年 5 月 2 日，它击沉了阿根廷巡洋舰“贝尔格拉诺将军”号，成为第一艘在战争中开火的核动力潜艇。

还意识到，需要在冬季来临之前对战事做出决策。

直升机在这场战争中发挥了特殊作用。4 月 20 日，皇家海军陆战队搭乘直升机在南乔治亚岛登陆，并成功夺回该岛，这是英军自开战以来的首场胜利。5 月 1 日，皇家空军的一架“火神”轰炸机长途奔袭——中途需要进行空中加油——飞抵斯坦利港机场上空对其展开轰炸。当“竞技神”号和“无敌”号航母到达作战位置时，舰上的“海鹞”战机再次轰炸了这座机场。

5 月 2 日，“贝尔格拉诺将军”号，一艘装备火炮、排水量 10650 吨的老式巡洋舰，被英军“征服者”号核潜艇迅速而有效地击沉，舰上 1200 人中有 321 人丧生，是这场战争中最大的损失。虽然阿根廷政府

皇家海军在马岛战争中最危险的敌人是法国制造的“超级军旗”攻击机，它装备有极具破坏力的“飞鱼”导弹。

后来同意这是合法的战争行为，但由于“贝尔格拉诺将军”号正好在禁航区外，所以击沉该舰引发了争议。这一行动使英国人能够继续保持对该水域的控制，因为在早些时候的一次事件中，一架直升机发现了阿根廷的“圣达菲”号潜艇，并用其导弹击中该艇。“圣达菲”号设法搁浅，但其艇员不得不投降。

现在，来自阿根廷的巨大威胁是法国制造和提供的装备有飞鱼导弹的“超级军旗”飞机，它们取得的第一场胜利是击沉“谢菲尔德”号驱逐舰，导致20名船员丧生。5月12日，医院船“乌干达”号从“谢菲尔德”号上接收了第一批伤员，并持续接收英国和阿根廷的伤员。改装后的测量船将那些情况不严重的伤员转移到蒙得维的亚。很快，随着英军准备夺回这些岛屿，“乌干达”号更加忙碌。与此同时，阿根廷人在战役期间设法向斯坦利港机场空运更多的部队和物资。阿根廷数量有限的海军部队仍在执行作战行动，他们有两艘潜艇“萨尔塔”号和“圣路易斯”号，但行动困难，这意味着它们无所作为、很难取得战果。

5月21日，一支英国船队驶入西马尔维纳斯群岛和东马尔维纳斯群岛之间的水域，在距离斯坦利86英里（138公里）的圣卡洛斯，3000名士兵与火炮和补给品一起登陆。阿根廷指挥官对岛屿的这一端没有投入多少防御力量，因为他认为英军不太可能从此处登陆。然而，负责保护登陆部队的军舰遭到72架阿根廷“天鹰”和“幻影”喷气式飞机的攻击，这些飞机经常在其航程的极限范围内行动。英军“热心”号被击沉，“阿戈纳特”号受损，但部分阿根廷飞机被迫飞得太低，以至于常规引信炸弹无法爆炸，几艘英军舰船被未爆弹击中。5月25日，“考文垂”号驱逐舰中弹起火并沉没。由于地形复杂，直升机在运送装备协助登陆部队快速推进方面发挥了至关重要的作用，但是集装箱船“大西洋运送者”号被一枚“飞鱼”导弹击中，船上装载的直升机、“海鹞”战机以及用于前沿作战基地的物资均被摧毁时，英军遭遇了重大挫折。第二天，英国陆军和皇家海军陆战队决定继续向陆地推进，并徒步

刚被战机击中的皇家海军“热心”号。22 名军人在这次攻击中丧生，该舰本身也沉没。

携带他们所能携带的物品。经过一场艰苦的战斗，英军从阿根廷驻军手中夺回达尔文和古斯格林的定居点。停泊在古斯格林西北 11 英里（18 公里）的格兰瑟姆湾的“乌干达”号，一直通过直升机接收来自双方的伤亡人员，截至 5 月 31 日，船上有 132 名伤亡人员。

传统军事观点认为舰炮火力已经过时，推崇导弹和空战，但在马岛战争中，舰炮火力支援再次发挥了作用，从舰艇上轰炸敌方目标并掩护己方地面部队。海军火炮限制了阿根廷军队的行动，摧毁或破坏其火炮、军需品、雷达和掩体等特定目标。在夜间有效使用舰炮对阿根廷军队产生了打击士气的效果，同时提升了英国军队的士气。

海军火炮前方观察员克里斯·布朗上尉回忆说：“我认为，对于友军和敌军而言，有一点非常明显，那就是海军火炮为友军提供支援，给敌军造成打击，我这么说是因为海军火炮的射击频率很有规律。”

事实上，在一次作战行动后的简报会上，“格拉摩根”号的船员们被告知：“‘格拉摩根’号很受岸上部队的欢迎。我方齐射的炮弹总是在需要的地点和时间降落。英国地面部队非常喜欢从‘格拉摩根’号上呼叫火炮支援，对距离仅 150 码的目标实施打击。”

6 月 8 日，当英军试图包围马岛首府斯坦利港时，该市南部的布拉夫湾发生了一场灾难，对前进中的英军造成重大打击。威尔士近卫军团当时正准备从皇家舰队的两艘辅助船“特里斯特拉姆爵士”号和“加拉哈德爵士”号上登陆。阿根廷陆军发现了他们，并呼叫空中支援。一波阿根廷飞机袭击了这两艘船，导致 56 名英军死亡，许多人受重伤。“加拉哈德爵士”号也被击沉。

6 月 12 日，一枚从陆地发射的“飞鱼”导弹击中了提供舰炮火力支援的“格拉摩根”号，造成 14 人丧生。英军在圣卡洛斯建立了空军基地，使皇家空军的

“无敌”号航空母舰在马岛战争结束后返回英国。就在战争爆发的两个月前，“无敌”号被宣布出售给澳大利亚。它在这场战争中的作用让英国人取消出售计划，一直在皇家海军中服役到 2005 年。

“海鹞”战机能够为集结在斯坦利附近的部队提供支援。经过一场争夺坦布尔敦山高地的激烈战斗，通往港口的道路被打通，6 月 14 日，驻守斯坦利港的阿根廷指挥官梅嫩德斯将军向杰里米·穆尔少将投降。

马岛战争是一场双方势均力敌的战争。在离本土如此遥远的地方与意志坚定的对手交战会产生严重后果。在为期 74 天的战争中，有 255 名英国军人战死，当地居民中有 3 名妇女丧生。阿根廷人总共损失了 649 人。英国皇家海军和皇家海军陆战队取得了辉煌的战绩，证明了他们的军事价值和全球影响力，但由于从未取得空中优势，英国艰难险胜。这表明航母舰载机在面对拥有陆上基地的敌人时存在局限性。

译后记

地球，由海洋和陆地组成。海洋占地表总面积的三分之二，连成一片，包围着陆地。从太空看地球，地球是一个蔚蓝色的星球。蔚蓝色，那是大海的所在。

地球，更确切地说，应该叫海球，或者水球。

自人类出现以来，战争就一直没有停止过，战场从最初的陆地扩展至海洋、天空。这本出自英国学者海伦·多伊博士的著作，用简洁、平实的语言，结合大量直观、生动的图画，回顾了中世纪以来几十场最伟大的海战，主要探讨了这些海战的背景、起因、指挥谋略及其给参战国家带来的影响。此外，书中还讲述了科技和战术的变化对海战结果的影响，并分析了取得海战胜利的决定性因素。

通过阅读本书，您可以了解不同历史阶段的海上作战模式、通信指挥方式、战舰类型和武器装备，了解中世纪以来欧洲各国的海上争霸史，特别是英国崛起为海上霸主的海上征战史。如果您是一位对海上战争史感兴趣的读者，本书值得一读。然而，需要说明的是，由于原书作者是以西方人，尤其是英国人的视角来回顾历史上的经典海战，不可避免有一定局限性，例如，书中并未提及 13 世纪之前的海战，对欧美以外的著名海战也着墨甚少。

近代以来，西方列强凭借其强大的海军多次从海上入侵中国，鸦片战争的耻辱、甲午海战的悲歌，深刻印证这样一个铁律：面向海洋则兴、放弃海洋则衰，国强则海权强、国弱则海权弱。作为一个拥有 1.8 万多公里大陆海岸线、约 300 万平方公里主张管辖海域的海洋大国，面对日益严峻的海洋安全形势和日趋激烈的海洋权益斗争，捍卫国家领土领海主权和海洋权益、维护我国发展重要战略机遇期的任务艰巨而又繁重，建设强大的人民海军的任务从来没有像今天这样紧迫。2022 年在本书翻译完成之时，欣闻我国第三艘航空母舰“福建”舰下水，深感振奋，谨以此书向为建设世界一流海军而辛勤耕耘的科研人员致以崇高的敬意。

翻译永远是个学习和精进的过程。对于书中出现的人名、地名、术语和其他细节，我尽可能地查阅了中外资料，如有疏漏之处，还请读者见谅，并不吝指出。此外，在本书翻译和编校过程中，本书策划编辑给予了许多指导和支持，让我受益匪浅，在此深表感谢。

李驰
2024 年 6 月于常德

译名对照表

战争名称	
Battle of Bouvines	布汶战役
Battle of Camperdown	坎珀当海战
Battle of Cape Esperance	埃斯佩兰斯角海战
Battle of Cape Finisterre	菲尼斯特雷角海战
Battle of Cape Matapan	马塔潘角海战
Battle of Cape Ortegal	奥特加尔角海战
Battle of Cape Passaro	帕萨罗角海战
Battle of Cape St Vincent	圣文森特角海战
Battle of Cherbourg	瑟堡海战
Battle Of Chesapeake Bay	切萨皮克湾海战
Battle of Crécy	克雷西会战
Battle of Eastern Solomons	东所罗门群岛海战
Battle of Flamborough Head	弗兰伯勒角海战
Battle of Goodwin Sands	古德温暗沙海战

Battle of Hampton Roads	汉普顿锚地海战
Battle of Jutland	日德兰海战
Battle of La Hogue	拉乌格海战
Battle of Manila Bay	马尼拉湾海战
Battle of Navarino	纳瓦里诺海战
Battle of North Cape	北角海战
Battle of Pulo Aura	普洛奥拉海战
Battle of Sandwich	桑威奇海战
Battle of Santa Cruz	圣克鲁斯海战
Battle of Santa Cruz De Tenerife	圣克鲁斯-德特内里费海战
Battle of Savo Island	萨沃岛海战
Battle of Schoonveldt	舒恩维尔德海战
Battle of Sluys	斯鲁伊斯海战
Battle of Taranto	塔兰托海战
Battle of Tassafaronga	塔萨法隆格海战
Battle of the Boyne	博因河战役
Battle of the Coral Sea	珊瑚海海战
Battle of the Falkland Islands	福克兰群岛海战
Battle of the Glorious First of June	“光荣的6月1日”海战
Battle of the Java Sea	爪哇海海战
Battle of the River Plate	拉普拉塔河口海战

Battle of the Saintes	桑特海峡海战
Battle of Trafalgar	特拉法尔加海战
Battle of Tsushima	对马海战
Battle of Winchelsea	温奇尔西海战
Battles of Schoonveldt	泰瑟尔岛海战
First Anglo Dutch War	第一次英荷战争
Hundred Years' War	英法百年战争
Napoleonic wars	拿破仑战争
Naval Battle of Guadalcanal	瓜达尔卡纳尔岛海战
Second Anglo-Dutch War	第二次英荷战争
Second World War	第二次世界大战
The Battles for Guadalcanal	瓜达尔卡纳尔岛战役
The Falklands War	马岛战争
Third Anglo-Dutch War	第三次英荷战争
War of Jenkins' Ear	詹金斯之耳战争
人名（含军衔、贵族头衔等）	
Admiral Brueys	海军上将布吕埃斯
Admiral Chester Nimitz	海军上将切斯特·尼米兹
Admiral de Grasse	海军上将德·格拉斯
Admiral Doenitz	邓尼茨海军元帅
Admiral Duncan	海军上将邓肯
Admiral Edward Hawke	海军上将爱德华·霍克
Admiral George Byng	海军上将乔治·拜恩
Admiral Jacob van Wassenaer Obdam	海军上将雅各布·范·瓦塞纳尔·奥布达姆
Admiral James Somerville	詹姆斯·萨默维尔上将
Admiral Jellicoe	海军上将杰利科
Admiral Johan Evertsen	海军上将约翰·埃弗森
Admiral Kummetz	库梅茨上将
Admiral Lord Gambier	海军上将甘比尔勋爵
Admiral Lord Horatio Nelson	海军上将霍雷肖·纳尔逊勋爵
Admiral Michiel de Ruyter	海军上将米希尔·德·鲁伊特
Admiral Peter Rainier	海军上将彼得·雷尼尔
Admiral Pierre-Charles Villeneuve	海军上将皮埃尔·查尔斯·维尔纳夫
Admiral Richard Howe	海军上将理查德·豪
Admiral Rodney	海军上将罗德尼

Admiral Rojestvensky	海军上将罗杰斯特文斯基
Admiral Russell	海军上将拉塞尔
Admiral Sir Andrew Browne Cunningham	海军上将安德鲁·布朗·坎宁安爵士
Admiral Sir Hyde Parker	海军上将海德·帕克爵士
Admiral Sir John Jervis	海军上将约翰·杰维斯爵士
Admiral the Earl of St Vincent	海军上将圣文森特伯爵
Admiral Tovey	海军上将托维
Agostino Barbarigo	阿戈斯蒂诺·巴尔巴里戈
Ali Pasha	阿里帕夏
Andrea Doria	安德烈亚·多利亚
Andrew Lambert	安德鲁·兰伯特
Antonio Gaztañeta	安东尼奥·加斯塔涅塔
Blanche of Castile	卡斯蒂利亚的布朗歇
Captain Bigot	比戈舰长
Captain Boscawen	博斯卡文舰长
Captain Dennis	丹尼斯舰长
Captain George Walton	乔治·沃尔顿舰长
Captain Getting	格廷舰长
Captain Luce	卢斯上校
Captain Pearson	皮尔逊舰长
Captain Peter Rainier	彼得·雷尼尔舰长
Captain Streynsham Master	斯特林森·马斯特舰长
Captain William Bainbridge	威廉·班布里奇舰长
Charles de la Cerda	查尔斯·德拉·塞尔达
Colbert	科尔贝
Collingwood	科林伍德
Commodore Affleck	阿弗莱克准将
Commodore Nathaniel Dance	纳撒尼尔·丹斯准将
Commodore Richard Morris	理查德·莫里斯准将
Comte de Tourville	图维尔伯爵
Cornelis Tromp	科内利斯·特龙普
Cornwallis	康沃利斯
Don Juan	唐·胡安
Don Pedro de Valdes	唐·佩德罗·德·巴尔德斯

Duke of Medina Sidonia	梅迪纳·西多尼亚公爵
Duke of Parma	帕尔马公爵
Earl of Derby	德比伯爵
Earl of Sandwich	桑威奇伯爵
Edward Doughty	爱德华·多蒂
Edward Gregory	爱德华·格雷戈里
Edward Preble	爱德华·普雷布尔
Edward Spragge	爱德华·斯普拉格
El Loucke Ali, Viceroy of Algiers	阿尔及尔总督埃尔·洛克·阿里
Elizabeth I	伊丽莎白一世
Eustace the Monk	修道士尤斯塔斯
Franklin Buchanan	富兰克林·布坎南
General Menendez	梅嫩德斯将军
General Rochambeau	罗尚博将军
George Monck, Duke of Albemarle	阿尔伯马尔公爵乔治·蒙克
Henry Newbolt	亨利·纽博尔特
Herbert, Earl of Torrington	托林顿伯爵赫伯特
Hubert de Burgh	休伯特·德·伯格
Ibrahim Pasha	易卜拉欣帕夏
James Lind	詹姆斯·林德
James Pearse	詹姆斯·皮尔斯
James, Duke of York	约克公爵詹姆斯
Jean d'Estrées	让·德·埃斯特雷
Jean Froissart	让·弗鲁瓦萨尔
Johan de Witt	约翰·德·维特
Johan van Duivenvoorde	约翰·范·杜伊文沃德
John Evelyn	约翰·伊夫林
John Hawkins	约翰·霍金斯
John Parr	约翰·帕尔
John Pascoe	约翰·帕斯科
John Paul Jones	约翰·保罗·琼斯
Juan de Cardona Karel Doorman	胡安·德·卡多纳 卡雷尔·杜尔曼
Judith Dobie.	朱迪思·多比
King John	约翰王
Lieutenant Commander McCluskey	麦克拉斯基少校
Lieutenant Commander Williamson	威廉森少校
Lieutenant Commander Worden	海军少校沃登
Lieutenant Fowler	福勒上尉
Lieutenant Lapenotière	拉佩诺蒂埃上尉
Lord Essex	埃塞克斯勋爵
Lord Howard of Effingham	埃芬厄姆的霍华德勋爵
Lord Spencer	斯宾塞勋爵
Maarten Tromp	马尔滕·特龙普
Marquis de Conflans	康弗兰侯爵
Martín de Padilla	马丁·德·帕迪拉
Martin Frobisher	马丁·弗罗比舍
Nehemiah Bourne	尼赫迈亚·伯恩
Pannetier	帕内捷
Paul Kennedy	保罗·肯尼迪
Philip II	费利佩二世
Pope Pius V	教皇庇护五世
President McKinley	麦金利总统
Prince Louis	路易王子
Prince Rupert	鲁珀特亲王
Rear Admiral Callaghan	卡拉汉少将
Rear Admiral Comte Barras de St Laurent	海军少将巴拉斯·德·圣罗兰伯爵
Rear Admiral de la Jonquière	海军少将德·拉·容基埃
Rear Admiral Folkersam	福克萨姆少将
Rear Admiral George Camocke	乔治·卡米克少将
Rear Admiral Hipper	希佩尔少将
Rear Admiral Louis Thomas Villaret-Joyeuse	海军少将路易斯·托马斯·维拉雷-茹瓦约斯
Rear Admiral Nebogatoff	内博加托夫少将
Rear Admiral Richard Stayner	海军少将理查德·斯泰纳
Rear Admiral Sir Christopher Cradock	海军少将克里斯托弗·克拉多克爵士
Rear Admiral Sir Peter Warren	海军少将彼得·沃伦爵士
Rear Admiral Sir Samuel Hood	海军少将塞缪尔·胡德爵士
Rear Admiral Sir Thomas Graves	海军少将托马斯·格雷夫斯爵士
Rear Admiral Vanstabel	海军少将范斯塔贝尔

Richard Deane	理查德·迪恩
Richard Wright	理查德·赖特
Robert Blake, the General-at-Sea	海军上将罗伯特·布莱克
Robert Cecil	罗伯特·塞西尔
Robert Cleveley	罗伯特·克莱维利
Robert Passelow	罗伯特·帕塞罗
Samuel Pepys	塞缪尔·佩皮斯
Samuel Scott	塞缪尔·斯科特
Sir Charles Thompson	查尔斯·汤普森爵士
Sir Cloudesley Shovell	克劳兹利·肖维尔爵士
Sir Francis Drake	弗朗西斯·德雷克爵士
Sir Richard Carew	理查德·卡鲁爵士
Sir Richard Grenville	理查德·格伦维尔爵士
Sir Thomas Allin	托马斯·阿林爵士
Sir Thomas Boulden Thompson	托马斯·博尔登·汤普森爵士
Sir Walter Raleigh	沃特·罗利爵士
St Bartholomew	圣巴塞洛缪
St Mary Magdalene	圣抹大拉的玛丽亚
Taylor Penny	泰勒·彭尼
Theodore Roosevelt	西奥多·罗斯福
Thomas Bodley	托马斯·博德利
Thomas Cochrane	托马斯·科克伦
Thomas Fenner	托马斯·芬纳
Vice Admiral Burnett	海军中将伯内特
Vice Admiral David Beatty	海军中将大卫·贝蒂
Vice Admiral de Winter	海军中将德温特
Vice Admiral Doveton Sturdee	海军中将多夫顿·斯特迪
Vice Admiral George Anson	乔治·安森海军中将
Vice Admiral Helfrich	赫尔弗里赫海军中将
Vice Admiral Henry Pridham-Wippell	海军中将亨利·普里德姆－威佩尔
Vice Admiral Holland	霍兰中将
Vice Admiral Maximilian von Spee	海军中将马克西米利安·冯·施佩
Vice Admiral Scheer	海军中将舍尔
Vice Admiral Sir Thomas Teddiman	海军中将托马斯·特德曼爵士
Vice Admiral Sir William Penn	海军中将威廉·佩恩爵士
Vice Admiral Witte Corneliszoon de With	海军中将维特·科内利松·德·威斯
William Congreve	威廉·康格里夫
William Marshall	威廉·马歇尔
William of Orange	奥兰治的威廉
地名	
Aboukir Bay	阿布基尔湾
Aix Roads	艾克斯锚地
Azores	亚速尔群岛
Barbary	巴巴里（地区）
Barfleur	巴弗勒尔
Bay of Santa Cruz	圣克鲁斯湾
Beachy Head	比奇海德
Boulogne	布洛涅
Bouvines	布汶
Boyne	博因河
Bremen	不来梅
Brittany	布列塔尼
Bruges	布鲁日
Cádiz	加的斯
Caen	卡昂
Calais	加来
Camperdown	坎珀当
Canary Islands	加那利群岛
Cap de la Hague	海牙角
Cape Esperance	埃斯佩兰斯岬角
Cape Finisterre	菲尼斯特雷角
Cape Matapan	马塔潘角
Cape Ortegal	奥特加尔角
Cape St Vincent	圣文森特角
Cartagena	卡塔赫纳
Castilia	卡斯蒂利亚（西班牙中部和北部一地区）
Cephalonia	塞法罗尼亚
Channel Islands	海峡群岛
Chatham	查塔姆
Cherbourg	瑟堡
Chesapeake Bay	切萨皮克湾
Cinque Ports	五港同盟
Coral Sea	珊瑚海

Corfu	科孚
Cornwall	康沃尔
Coronel	科罗内尔
Corunna (now A Coruña)	科伦纳（现在的阿科鲁尼亚）
Crécy	克雷西
Dartmouth	达特茅斯
Devon	德文
Dieppe	迪耶普
Dominica	多米尼加岛
Dover	多佛
Downs	唐斯
Dungeness	邓杰内斯角
Exeter	埃克塞特
Falkland Islands	马尔维纳斯群岛
Famagusta	法马古斯塔
Flanders	佛兰德斯
Flushing	弗拉兴
Foreland	北福尔兰角
Fowey	福伊
Gabbard	加巴德
Galician	加利西亚
Gascony	加斯科涅
Gravelines	格拉沃利讷
Guadalcanal	瓜达尔卡纳尔
Guadeloupe	瓜德罗普岛
Gulf of Patras	帕特雷湾
Gulf of Petraeus	彼得雷乌斯湾
Hampton Roads	汉普顿锚地
Harwich	哈里奇
Hastings	黑斯廷斯
Hudson	哈德逊河
Hythe	海斯
Isle of Wight	怀特岛
Isles of Scilly	锡利群岛
Java	爪哇
Jenkins' Ear	詹金斯之耳
Jutland	日德兰
Kent	肯特
Kentish Knock	肯梯斯诺克
La Hogue	拉乌格
Lizard	利泽德

Londonderry	伦敦德里
Lorient	洛里昂
Lowestoft	洛斯托夫特
Madeira	马德拉群岛
Madras	马德拉斯
Maine	缅因
Manila Bay	马尼拉湾
Margate	马盖特
Midway Islands	中途岛
Minorca	米诺卡岛
Navarino Bay	纳瓦里诺湾
New Amsterdam	新阿姆斯特丹
New Romney	新罗姆尼
Nore	诺尔
North Cape	北角
Ostend	奥斯坦德
Pietro Barbavera	彼得罗·巴尔巴维拉
Portland Bill	波特兰角
Portsmouth	朴茨茅斯
Pulo Aura	普洛奥拉
Quiberon Bay	基伯龙湾
Reval	雷瓦尔（今爱沙尼亚首都塔林）
River Orwell	奥韦尔河
River Plate	拉普拉塔河
Rye	拉伊
Saintes	桑特海峡
Saint-Malo	圣马洛
San Agustín	圣奥古斯丁
Sandwich	桑威奇
Santa Cruz de Tenerife	圣克鲁斯－德特内里费
Sark	萨克岛
Savo Island	萨沃岛
Scheveningen	斯海弗宁恩
Schoonveldt	舒恩维尔德
Smyrna	士麦那
Sole Bay	索尔湾
Solent	索伦特海峡
Spithead	斯皮特黑德
St Kitts	圣基茨
St Lucia	圣卢西亚
Strait of Messina	墨西拿海峡

Suffolk	萨福克
Sussex	萨塞克斯
Taranto	塔兰托
Tassafaronga	塔萨法隆格
Terceira	特塞拉岛
Texel	泰瑟尔岛
Thames Estuary	泰晤士河口
Thanet	塔内特群岛
Torbay	托贝湾
Tournai	图尔奈
Ushant	阿申特岛
Weser River	威悉河
West Country	英格兰西南部诸郡
West Indies	西印度群岛
Winchelsea	温奇尔西
Yorktown	约克城
Zeebrugge	泽布吕赫
舰船名称	
Achilles	“阿基里斯”号
Admiral Graf Spee	“格拉夫·施佩海军上将”号
Agamemnon	“阿伽门农”号
Ajax	“阿贾克斯”号
Akagi	“赤城”号
Albion	“阿尔比恩”号
Alden	“奥尔登”号
Alfred	“阿尔弗雷德”号
Alliance	“联盟”号
Ardent	“热心”号
Argus	“百眼巨人”号
Arizona	“亚利桑那”号
Ark Royal	“皇家方舟”号
Astoria	“阿斯托里亚”号
Baltimore	“巴尔的摩”号
Barfleur	“巴弗勒尔”号
Barham	“巴勒姆”号
Bedford	“贝德福德”号
Belfast	“贝尔法斯特”号
Bellerophon	“贝勒罗芬”号
Bellona	“贝娄娜”号
Bismarck	“俾斯麦”号
Bombay Castle	“孟买城堡”号

Bonhomme Richard	“博诺姆·理查德”号
Bristol	“布里斯托尔”号
Bucentaure	“布森陶尔”号
Caio Duilio	“卡约·杜伊利奥”号
Canopus	“卡诺珀斯”号
Canterbury	“坎特伯雷”号
Captain	“上校”号
Carnarvon	“卡纳封”号
Centurion	“百夫长”号
Charles V	“查尔斯五世”号
Christopher	“克里斯托弗”号
Cog Thomas	“柯克·托马斯”号
Concord	“康科德”号
Congress	“国会”号
Conqueror	“征服者”号
Constitution	“宪法”号
Conte di Cavour	“加富尔伯爵”号
Cornwall	“康沃尔”号
Countess of Scarborough	“斯卡伯勒伯爵夫人”号
Culloden	“库洛登”号
Cumberland	“坎伯兰”号
Cutty Sark	“卡蒂萨克”号
Deerhound	“猎鹿犬”号
Defiance	“反抗”号
De Ruyter	“德·鲁伊特”号
Deutschland	“德意志”号
Devonshire	“德文郡”号
Don Antonio de Ulloa	“唐·安东尼奥·德·乌略亚”号
Doric Star	“多利克之星”号
Dorsetshire	“多塞特郡”号
Dresden	“德累斯顿”号
Duquesa Santa Ana	“圣安娜公爵”号
Eagle	“老鹰”号
Earl Camden	“卡姆登伯爵”号
Eendracht	“伊恩德拉赫特”号
Electra	“厄勒克特拉”号
Elephant	“大象”号
Encounter	“遭遇”号
Endurance	“坚忍”号
Enterprise	“企业”号
Formidable	“可畏”号

Fiume	“菲乌梅”号
Ganges	“恒河”号
General Belgrano	“贝尔格拉诺将军”号
Glasgow	“格拉斯哥”号
Glatton	“格拉顿”号
Glorieux	“格洛里厄”号
Gneisenau	“格奈森瑙”号
Goliath	“歌利亚”号
Good Hope	“好希望”号
Gorizia	“戈里齐亚”号
Grafton	“格拉夫顿”号
Greyhound	“灰猎犬”号
Griffin	“格里芬”号
Guerriere	“格雷尔”号
Haguro	“羽黑”号
Havock	“哈沃克”号
Hecla	“赫克拉”号
Hermes	“竞技神”号
Hornet	“大黄蜂”号
Houston	“休斯顿”号
Hydra	“海德拉”号
Illustrious	“光辉”号
Imperatur Alexander III	“沙皇亚历山大三世”号
Indefatigable	“不倦”号
Inflexible	“不屈”号
Intrepid	“无畏”号
Invincible	“无敌”号
Jamaica	“牙买加”号
Jamestown	“詹姆斯敦”号
John D. Edwards	“约翰·D. 爱德华兹”号
John D. Ford	“约翰·D. 福特”号
Jupiter	“朱庇特”号
Kaga	“加贺”号
Kearsarge	“基尔萨奇”号
King George V	“乔治五世”号
Kirishima	“雾岛”号
Kortenaer	“科尔特纳”号
L'Orient	“东方”号
La Gloire；Glorious	“光荣”号
La Real	“拉雷亚尔”号
Latoya	“拉托亚”号

Le Guerrier	“战士”号
Leander	“利安德”号
Leipzig	“莱比锡”号
Lexington	“列克星敦”号
Lion	“狮”号
Littorio	“利多里奥”号
Loyal London	“忠诚伦敦”号
Macedonian	“马其顿人”号
Magnifque	“卓越”号
Marlborough	“马尔伯勒”号
Marmaduke	“马默杜克”号
Mary Rose	“玛丽·罗斯”号
Mastico	“马斯蒂科”号
Mathias	“马蒂亚斯”号
Minneapolis	“明尼阿波利斯”号
Monitor	“莫尼特”号
Monmouth	“蒙茅斯”号
Nachi	“那智”号
Namur	“纳穆尔”号
Norfolk	“诺福克”号
Nuestra Señora del Rosario	“玫瑰圣母”号
Nürnberg	“纽伦堡”号
Olympia	“奥林匹亚”号
Onslaught	“猛攻”号
Orford	“奥福德”号
Orion	“猎户座”号
Oslyabya	“奥斯利雅维亚”号
Otranto	“奥特朗托”号
Pallas	“帕拉斯”号
Paul Jones	“保罗·琼斯”号
Peacock	“孔雀”号
Perth	“珀斯”号
Philadelphia	“费城”号
Phoebe	“菲比”号
Pickle	“皮克尔”号
Pommern	“波美拉尼亚”号
Pope	“教皇”号
Prince George	“乔治亲王”号
Prince of Wales	“威尔士亲王”号
Prinz Eugen	“欧根亲王”号
Queen Mary	“玛丽女王”号

Quincy	“昆西”号
Ranger	“突击者”号
Redoubtable	“可畏”号
Reina Cristina	“雷娜·克里斯蒂娜”号
Renown	“声望”号
Repulse	“反击”号
Resolution	“决心”号
Revenge	“复仇”号
Royal Catherine	“皇家凯萨琳”号
Royal Charles	“皇家查尔斯”号
Royal George	“皇家乔治”号
Royal James	“皇家詹姆斯”号
Royal Oak	“皇家橡树”号
Russell	“拉塞尔”号
Salvador del Mundo	“萨尔瓦多·德尔·蒙多”号
San Josef	“圣约瑟夫”号
San Martin	“圣马丁”号
San Nicolás	“圣尼古拉斯”号
San Salvador	“圣萨尔瓦多”号
San Ysidro	“圣伊西德罗”号
Sancta Maria	“圣玛丽亚”号
Santa Rosa	“圣罗莎”号
Santísima Trinidad	“圣特立尼达”号
Sceptre	“权杖”号
Scharnhorst	“沙恩霍斯特”号
Serapis	“塞拉比斯”号
Shannon	“香农”号
Sheffield	“谢菲尔德”号
Shōhō	“祥凤”号
Shōkaku	“翔鹤”号
Siren	“海妖”号
Soleil Royal	“皇家太阳”号
Souvaroff	“苏沃洛夫”号
Sovereign	“君主”号
Speaker	“议长”号
St Albans	“圣奥尔本斯”号
St Michael	“圣迈克尔”号
Tairoa	“泰罗亚”号
Tennessee	“田纳西”号
Tirpitz	“提尔皮茨”号
Unity	“团结”号
Valiant	“勇敢”号
Vanguard	“先锋”号
Venerable	“尊者”号
Vengeance	“复仇”号
Victory; Victorious	“胜利”号
Ville de Paris	“巴黎之城”号
Vincennes	“文森斯”号
Vittorio Veneto	“维托里奥·威尼托”号
Vixen	“维克森”号
Von der Tann	“冯·德·坦恩”号
Warren Hastings	“沃伦·黑斯廷斯”号
Warrior	“勇士”号
Warspite	“厌战”号
West Virginia	“俄克拉荷马”号
Witte de With	“威特·德·威斯”号
Zafiro	“扎菲罗”号
Zara	“扎拉”号
Zuikaku	“瑞鹤”号

军事术语	
Armada	（16世纪西班牙的）无敌舰队
Aircraft carrier	航空母舰
Barge	驳船
Battlecruiser	战列巡洋舰
Battleship	战列舰
Blockade	封锁——在敌人港口附近进行巡逻，防止船只进出
Bomb vessel	臼炮艇
Breaking the line	突破防线——以直角航行穿过敌方船阵
Brig	双桅横帆船
Broadside	侧舷开火——安装在船一侧的火炮同时开火
Carronade	近距臼炮（一种短炮管舰炮）
Castle	船堡——（12世纪至15世纪）一种竖立在船头或船尾或桅杆上用作战斗平台的建筑结构
Chain-shot	链弹

Cog	柯克船——（13至15世纪）一种平底、单桅风帆商船 。
Colours	军旗、船旗
Corvette	轻巡洋舰
Cruiser	巡洋舰
Destroyer	驱逐舰
Dogger	荷兰双桅渔船
Draught	吃水——船舶航行所需的水深
Dreadnought	无畏舰（无畏舰为20世纪初各海军强国竞相建造的一类主力战舰的统称，起源于英国海军“无畏”号战列舰。它取消了以往战列舰上的二级主炮，仅装备同一口径统一倍径比的主炮，以及少量用于防御轻型军舰的小口径副炮，使用高功率蒸汽轮机做动力，采取统一火控方式进行远距离作战。）
Dutch United Provinces	荷兰联合省
East Indiaman	东印度商船
Fire ship	（装有可燃物和爆炸物驶向敌船的）火攻船
Flag officer	（上校以上能在舰上悬旗表示职位的）海军将级军官
Flagship	旗舰
Flota	西班牙运宝船队——一年一度从西印度群岛出发运送南美矿场白银的船队
Flyboat	快速平底船
Frigate	护卫舰
Galleass	三桅桨帆船
Galleon	（15—17世纪使用的）三桅大帆船

Galley	（常由奴隶或囚犯划桨的）桨帆船
General Chase	全面追击
Ironclad	铁甲舰
Ketch	双桅帆船
Knights of Malta	马耳他骑士团
Leeward	背风面；下风
Line of battle	战列线
Livre	利弗尔（古时的法国货币单位）
Line abreast	齐头并进——与其他船只平行航行
Magazine	弹药库
Man-of-war	（旧时的）军舰，战舰
Melee	近距离混战
Mine	水雷
Pre-emptive strike	先发制人的打击
Privateer	私掠船
Prize	战利品
Quarterdeck	（军舰上层主要供军官使用的）后甲板区
Raking	扫射
Rigging	索具
U-boat	U型潜艇
Schooner	（原产于北美的）双桅纵帆船
Ship of the line	风帆战列舰
Siege train	攻城车（一种破坏厚重的门、防御工事或城墙的装置）
Sloop	单桅帆船
Squadron	分舰队、中队
Trebuchet	配重式投石机
Weather gage	上风位置
Windward	上风；迎风；迎风面

金城出版社
GOLD WALL PRESS

历史图文系列

用图片和文字记录人类文明轨迹

策划：朱策英
Email:gwpbooks@foxmail.com

海战图文史：影响世界海权的1000年

[英] 海伦·多伊/著　李驰/译

通过丰富的图片和通俗的文字，本书撷取中世纪以来50多场经典海战，细节性地展示出一部波澜壮阔的世界海战史。读者不仅可以了解每场海战发生的背景起因、主要将领、战斗过程及其结果，还可以看到武器装备、战舰类型、战术思维、通信方式等细节，再现全球海洋风云变局1000年。

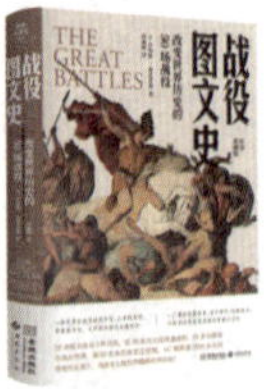

战役图文史：改变世界历史的50场战役

[英]吉尔斯·麦克多诺/著　巩丽娟/译

本书撷取了人类战争史中的50个著名大战场，细节性地展现了一部波澜壮阔的世界战役史。全书通过精炼生动的文字，167幅珍贵的战时地形图、双方阵列图、场景还原图、行军路线图、战场遗迹图，以及随处可见的战术思维、排兵布阵等智慧火花，为读者呈现了一场精彩绝伦的思想和视觉盛宴。

战弓图文史：改变人类战争的四大弓箭

[英]麦克·洛兹/著　胡德海/译

本书通过真实历史事件、射击效果体验与现代弹道学测试，描述了弓箭的起源、设计、应用、发展，阐释了弓箭对人类战争、文明演进的历史影响……堪称一部专业、有趣、多图、易读的冷兵器史。

第三帝国陆军图文史：纳粹德国的地面力量

[英]克里斯·麦克纳布/著　沈立波/译

通过丰富的图片和通俗的文字，本书从不同时期的战场表现切入，生动讲述了德国陆军从一战后的绝境重生，到二战初期的闪电战、北非鏖战、入侵苏联，再到东西线败退、本土防守，直至最后溃败的全部兴衰演变过程，既是一张希特勒地面力量的全景式演变图谱，也是一部纳粹德国陆军的兴亡史！

情报战图文史：1939—1945年冲突中的无声对决

[美] 尼尔·卡根　[美] 史蒂芬·希斯洛普/著　朱鸿飞/译

本书通过丰富的图片和通俗的文字，带领读者走近二战中的间谍、密码破译者和秘密行动，多角度了解战争背后的无声较量，全方位触摸战争的鲜活历史脉络，具体包括战争历程、重要事件、谍战形式、机构沿革、科技创新等方面，堪称一部全景式二战情报战史，也是一部改变世界格局的大国博弈史。

蓝调图文史：影响世界历史的100年

[英] 迈·埃文斯　[美] 斯科特·巴雷塔/著　太阳/译

本书通过丰富的图片和生动的文字，详细描绘蓝调从诞生至今的历史脉络，以及对世界历史的影响。全书着眼于音乐史、人物史、创新史、人文史等，立体呈现了蓝调音乐百年历程，堪称一部另类视觉的人文变迁史。

鞋靴图文史：影响人类历史的8000年

[英] 丽贝卡·肖克罗斯/著　晋艳/译

本书运用丰富的图片和生动的文字，详细讲述鞋子自古至今的发展变化及其对人类社会的影响，包括鞋靴演进史、服饰变迁史、技术创新史、行业发展史等。它不仅是一部鲜活的人类服饰文化史，也是一部多彩的时尚发展史，还是一部行走的人类生活史。

航母图文史：改变世界海战的100年

[美] 迈克尔·哈斯丘/著　陈雪松/译

本书通过丰富的图片和通俗的文字，生动详细讲述了航母的发展过程，重点呈现航母历史、各国概况、重要事件、科技变革、军事创新等，还包括航母的建造工艺、动力系统、弹射模式等细节，堪称一部全景式航母进化史。